死にかた論

佐伯啓思

新潮選書

まえがき

この何年か、漠然と「死」についてあれこれと考えている。ひとつは、古希を過ぎれば、どうしても自らの死を意識せざるをえないという個人的な事情もあるのだろう。年を取れば、誰でも最後の一大事業は「死」を受け入れるだけということにもなるのだろう。だがそれだけでもない。現代人にとって、死はどのように受け止められ、どのように納得されるのか、という社会現象、もしくは社会心理にも関心があるからだ。

われわれの生きている今日の社会は、死というものを正面から取り上げることはあまりない。長寿高齢化社会だから、死ぬ人はずいぶんいるはずなのだが、そもそも話題にならない。それどころか、死を社会の表層から無理にでも隠そうとする。社会の関心を、もっぱら経済成長や富の増大に向け、人々の心理を遺伝子工学や最新医療を使用した寿命の延長や病気の克服に向けている。要するに「生」の充実へと、無理やり（？）関心の方向が誘導され、「死」の方は、いってみれば、黙って放っておく以外にないかのように放置されている。生には燦々と光が当てられて無条件に肯定されるのに対し、死には暗い負のイメージが割り当てられ、正面から論じることも嫌悪される。

　だがそうはいっても現実に死はやってくる。かりに死というものを悪魔のごとき存在と表象すれば、これほど徹底した平等主義者は他にはない。恐るべき専制君主であり、絶対者であり、万人を例外なく平等に遇する。どんなにカネを積もうと、どれほど権勢を誇ろうと、どれほど狡猾に取引をしようとしても、いっさいの作為は通用しない。だが見方によっては、生のあらゆる苦悩ややっかいごとやどうしようもないしがらみから一気に解放してくれるという意味では、悪魔どころか、絶対的救済ともいえよう。神そのものでさえある。

　そうはいっても、やはり誰もが死について正面から論じたくないのも、もちろん理由がないわけではない。何といっても、死後など想像することもできないので、死について論じようがないのだ。論じることがすでに「こちら側の世界」の、つまり「生」の側の営みなので、「向こう側」の「死」を論じること自体が意味をなさない。そして、この絶対的不可知性が、また一種の不気味さを産み、その不気味さが嫌悪感を呼び覚ます。

　この不気味さの根底にあるものは、「生」が一瞬のうちに断ち切られるというまぎれもない事実であろう。「生」を断ち切るものの正体の説明がつけばまだよいのだが、まったく説明のしようもない。「死」と名付けられているだけで、それが何なのかまったくわからないのだ。その得体のしれないものによって「生」が完全に裁断される、という何ともいえない恐怖がある。しかも一瞬のうちに打ち切られるのならまだよいが、「生」の首根っこを押さえられ、身動きも取れない状態で、真綿で絞められるように「生」が徐々に窒息させられてゆくことにもなる。

　現代の「死」はだいたいこの方向をとる。とするなら、どのような形であれ、本当は「死」をわれわれの関心の外に放りだすことなどできないはずではなかろうか。なぜなら、「死後」はともかく「死に方」は十分に「生」の側の問題だからである。「死」はまったく不可知であるが、それについて思いをめぐらすことはこちら側の問題なのである。「死」はともかく「死についての意識」は「生」の問題である。

　こうなると、「死」と「生」は不可分といった方がよい。「生」の方にだけもっぱら関心を向け、おいしいスイーツでも食するように、生の充実のみに関心を集中することなどできるはずはない。スイーツはいずれ必ずなくなるのだ。「死」と「生」は本当は一体のものであり、われわれはあくまで「死」を前提にして「生」を考えるほかないであろう。「死に方」まで含めて「生」を論じるほかない。

　ところが、現代社会では、「死」はもちろん「死に方」さえ視界から排除されている。「死の意識」とは「死生観」にほかならないであろう。だが、現代社会では「死生観」などというものもまったく見えなくなっている。もともとあらゆる文化が、それなりの死生観をぼんやりとであれもっていたように、日本には日本の死生観（らしきもの）があった。とするならば、薄れゆく「死生観」を前にしながらも、日本にあった死の観念を手掛かりにしつつ、今日の「死」や「死に方」について論じることはできないのだろうか。

このような関心がいつのころか私のこころを捉えるようになっていた。ちょうどそのころ、まだ健在であった雑誌『新潮45』で時事的なテーマをエッセイ風、評論風に連載をすることとなった。そしてその最中に東日本大震災（２０１１年）が起きた。まさに「生」と「死」が正面から対峙するとともに、ひとつながりになって前景化してきた。ここでも、私は「死」の意味づけ、「死生観」が気になった。復興も大事だが、どうも復興の現実というよりも死者の意味づけが気になるのだ。そして、この東日本大震災をはじめ現代の「死」をめぐる考察を含む論考が『反・幸福論』として新潮新書として出版されたのが２０１２年のことであった。

その後、意識の底に引きずっていた「死生論」を改めて取り上げたのが、やはり２０１７年から２０１８年にかけての『新潮45』での連載であり、それは『死と生』というタイトルでやはり新潮新書として出版された（２０１８年）。

本書はその続編である。この『死と生』以来、私には、一方では、「死に方」の現代的様相が気にかかっており、他方では、日本人の伝統的な「死に方」もしくは「死生観」が気になっていた。そして、前者についていえば、おりしも安楽死が社会的な問題として浮上してきたのである。確かに安楽死はたいへんに大きく重い現代的問題である。現代ならではの問題である、と同時に、明快な答えのない問題でもある。しかも、間歇的にこの問題は社会の表層へ浮かび上がってくる。答えのでない問いに対しては、伝統のなかにみえ隠れする知恵や経験を参照して考えるほかない。

そこで安楽死を導入にして、日本の伝統的な死生観を尋ねつつ、日本的な「死に方」論を書けないものかと思うようになった。

日本の死生観といえば仏教を無視するわけにはいかない。実はこの数年、私は仏教思想が気になっていた。もっともそれは研究者的関心というよりも、仏教思想から何か生や死についての心構えのようなものが学べるのではないか、という実践的な関心からであった。ついでにいえば、私も広い意味（寺の檀家という意味）で仏教徒である。

かくて時機は熟した、などと大げさなことはいわないが、本書では、日本的死生観、とりわけ仏教にかなりページを割いている。仏教に関する私のにわか仕込みの知識では、これらのページはすぐにひび割れしそうではあるが、仏教のもつ死生観の基本はわかったような気はする。以前から読んでみたいと思っていた道元は、超を三重ぐらい重ねたような難解さにもかかわらず、妙に惹かれるものがあり、読みだしたら結構やめられなくなる。そのような、それなりの至福の時間とともに、不十分ながら本書は書き進められた。

実は、安楽死などの現代の死に方に関する本書の第一章から第三章、それに道元を参照にした死生論は、雑誌『新潮45』の連載（2018年6月号〜9月号）において扱ったものである。その後、思いもよらない出来事で『新潮45』は突然に休刊になった。残念なことである。確かに一寸先は闇である。私の連載もサドンデスに見舞われた。だが仏教的死生観については、少し書き溜めていたものもあり、それらを書き直して本書が出来上がったのである。雑誌『新潮45』の連載を担当していただいた大畑峰幸さんと、今回もまた丁寧に選書を編集していただいた今泉正俊さんには、この場を借りてこころから感謝したい。

ところでもうひとつ述べておかなければならないことがある。それは2020年から世界を襲った新型コロナ禍である。

いきなり世界に広がったこのコロナ・パンデミックは、様々なことを考えさせるきっかけになったが、そのひとつは、死生観だったと思う。

コロナ現象のひとつの焦点は、欧米では都市のロックアウトを含む強い外出制限や「不要不急」の活動の自粛にあった。日本では緊急事態宣言である。これによって経済活動はほとんど停止状態になるが、それは「いのちを守る」ためであった。ところが、あまりに緊急事態が長引けば、今度は、経済的困窮者が出現する。すると、これまた、人々の「いのちを守る」ために経済活動を再開せよ、ということになる。ともに「いのちを守る」が至上命令となった。「生きること」、ただ「生きること」が最高の価値であるとされたのである。

言い換えれば、コロナはいきなりわれわれを「死」に直面させたのである。「死」に直面することによって人は何よりまず「生きること」を全面的に選択した。自分自身を自宅に、あるいは都市に閉じ込めることで、それなりに徹底して自粛生活に入ったのである。

こうして「生命の安全」が確保されれば、その次に、人々は、一体、自分にとって大事なものは何なのか、と問いかけるようになる。いかにわれわれの生が「不要不急」で成り立っていたか、そして「不要不急」といいつつもそのなかでも本当に大事なものは何か、と問いかけるようにもなった。大事な人と会うこと、家族との団らん、趣味に生きること、仕事をまっとうすること、何でもよい。人それぞれ、自分にとっての「生の意味」を問うきっかけになった。外出も他人との会食もままならない最低限の「生そのもの」のなかで、本当に大事なものは何か、という問いへと誘われたのである。いや、そのはずであった。

それもこれも、コロナという突然の脅威に晒されたからである。われわれの「生」は「死」の前で審判にかけられた。「生」がいつ「死」へと逆転するかもしれないという不気味な現実に直面したのであった。

ところで、考えてみれば、これはなかなか興味深いことではなかろうか。

生命体としてみた場合、ウイルスはそもそも生物なのかどうかよくわからない。自己複製しつつ自律的に増殖できないからである。だから、ウイルスは宿主を必要とし、変異を繰り返して宿主のなかで増殖する。人類が誕生する以前、今からおよそ数十億年前からウイルスは地球上の生物を宿主として存在しているといわれる。それどころか、ウイルスは宿主の細胞に潜り込んで、自らの遺伝子を宿主のそれに紛れこませる。だから人間のＤＮＡにもウイルス由来のものが含まれており、胎盤などウイルスのＤＮＡからできているともいわれており、そうなると人類はウイルスによって支えられているともいえる。

それはともかく、ウイルスにせよ、細菌にせよ、それらを全面的に消滅させることができない以上、人間はウイルスや細菌と共存するほかなく、現に共存してきたのである。人類の誕生の時からずっと「ウイズ・ウイルス」であった。共存とは異種のものがバランスを取ることである。そしてこのバランスが崩れたり、ウイルスの変異によって、(宿主にとって)強毒性のものが現れると、宿主である人は死に、ウイルスも死ぬ。

これは、われわれ人間もウイルスや細菌などと同様の生命体であることを改めて思い起こさせる。地球的な、もっと大きくいえば宇宙的な存在体としては、人間もウイルスも同じことなのである。これは当たり前の事実である。だが、そんなことをわれわれは、普通、まったく意識などしていない。とはいえ、感染症についていえば、人間と細菌やウイルスの間のバランスによってわれわれの生命は成立していることになる。いつこのバランスは崩れるかもしれない。その時、感染症のパンデミックが起きる。いつ死が襲い掛かってくるかもしれない。人間が作り出した文明は、感染症を打ち負かそうとしたが、結局のところ、それは不可能であろう。とすれば、われわれの生はすっかり死に取り囲まれている、とさえいってもよいであろう。

さらに、考えてみれば、人間もまた、自然環境に寄生して生きているともいえるのではなかろうか。太陽の光を浴び、空気を出し入れし、食料や水分を取り込んで生きているのだから、われわれの生もまた自然環境という宿主に寄生してようやく可能となっている、ともいえよう。身体も精神も自然環境とつながっているので、その意味では、われわれの生もまた決して完全に自律的に自己増殖するわけではなく、本当に生物といえるのかどうかもあやしくなる。

もちろん、人間ウイルス説などを説くつもりは毛頭ないのだが、ウイルスと人間の関係が両者のバランスによって成り立っているとすれば、人間と自然環境の間もまたバランスによって成り立っている。地球温暖化であれ、気候変動であれ、大気や水質の汚染であれ、巨大自然災害であれ、感染症のパンデミックであれ、このバランスが崩れた時、生命体としての人間の生命はたちまち脅かされる。

そして、今日、とどまるところをしらない経済成長、富と利便性のあくなき追求、グローバリズムによる地球の制覇、自由と幸福の追求といった現代文明の欲望は、明らかにこのバランスを崩壊させようとしている。とすれば、われわれの「生」はいつ何時、脅かされ切断されるかわからないであろう。常に「死」はわれわれの背後にしのびよっている。経済成長や遺伝子工学や生命科学の展開によって、われわれはいっそうの「生命の安全」を確保したかにみえるが、実際にはその逆で、むしろその結果として、「人間とは死すべき存在である」というしごく当然の、しかし、のっぴきならない事実に改めて目を向けざるをえなくなっているのではなかろうか。

新型コロナ騒動は、われわれのこの文明のあり方について様々なことを考えるきっかけとなった。もっとも「原則的」なことをいえば、ウイルスも人間も、相互につながったこの地球上の生命体である、ということであり、人間とわれわれを取り巻く自然環境もまた相互に依存しあった存在だということである。このつながった循環のなかで人は、生をはぐくみまた死ぬ。死は常に生を脅かしている。これが生命体としての人間存在の「原則」である。

もちろん、人間はただこの「原則」のなかで生きるだけではない。「生への脅威」である「死」をできるだけ管理し、「生」を充実させようとした。災害や病気から身を守るすべを作り出してきた。そこに高度な文明社会を作り上げた。だが、どうやら、巨大な自然災害にせよ、感染症にせよ、決して「生」への脅威を取り去ることなどできない。それどころか、かつて寺田寅彦が述べたように、文明が高度化するにつれ、災害からの被害はますます大きくなるのである。

2021年はまた、東日本大震災から10年であったが、復興が進もうがどうしようが、被災者にとって、死の恐怖や死者への追慕は消えることはありえないだろう。いくら経済を成長させようが、世界がつながろうが、ビッグデータによるサイエンスが展開しようが、人の「生」を突然に断ち切る脅威を管理することなどできない。この脅威に直面し人知・人力の限界を知る時に、人は霊性を意識したのであろう。「生死」を超えるものを求めたのであろう。2020年から始まったコロナ禍は、改めて生と死の問題をわれわれに差し出すことになったはずである。それが「死生観」へのわれわれの意識を向ける契機となればと思うのだが、果たしてどうであろうか。

死にかた論　目次

死にかた論

第一章　安楽死という難問

家族だけはダメなんだよ！

10年以上前に『海を飛ぶ夢』というスペイン、フランス、イタリアの合作映画をみたことがある。監督・脚本はアレハンドロ・アメナーバルで、２００4年に制作され、世界の映画祭でいくつかの賞を獲得し、また日本でもそれなりに評判になっていたので、みた人も多いのではないかと思う。いわゆる安楽死をめぐる映画であり、実話を基にして制作されたものだ。安楽死を正面から取り上げたもので、かなり深刻かつ重いテーマを扱っているのだが、その割には終映後の印象はさほど重苦しく淀んだものではなく、むしろ、無事に死をとげることのできた主人公に対して、どこか安堵した感覚が残ったことを覚えている。

これは、若い時に事故で首から下がマヒしたスペイン人の男が、その後、30年ほど、兄夫婦の世話（最初の10年ほどは母親の世話）になりながら、ついには安楽死を決意し、数名の者に手伝ってもらいながら死を迎えるという話である。

今日の多くの国と同様、この時、スペインでも安楽死は認められていなかった（その後2021年3月にスペインは安楽死を合法化した）。安楽死の補助は、自殺幇助の罪に問われる。そこで、この男の安楽死は綿密に計画され、その死において数名の者が関与した。つまり誰が幇助者かわからないようにして、彼は青酸カリ（シアン化カリウム）によって死をとげる。

ところで、スペイン在住のジャーナリストである宮下洋一氏の『安楽死を遂げるまで』（小学館）という本を手に取っていたら、この実話の取材をしていた。この事件では、実際に、ある女性がスペイン初の安楽死幇助の被疑者として世間を騒がせたそうであり、著者は被疑者の女性や介護をしていた兄夫婦らへのインタビューを試みている。それがなかなか考えさせられるインタビューなのである。

この男（Aと呼んでおこう）の自殺を幇助した女性は、もともとAを「死なせる」ために介護を引き受けたわけではなかった。それどころかむしろ「生きさせる」ために、兄夫婦に代わって介護を引き受けたのであった。介護の性格上、これは当然のことであろう。ところが、1年半に及ぶ介護のすえに、この女性は、Aの希望通りに彼を「死なせる」のが一番良い、と思うようになったのである。そこで数名の協力者を確保して、A自身が自分の最後の姿をビデオカメラに収めた上で自死する。

ところがまたこの女性は、インタビューの中で、青酸カリにもがき苦しむAの最後の姿をみて、

「もし、あんな死に方になることを知っていたら、私は引き受けなかったかもしれないわ」ともいう。女性自身が、当然とはいえ、きわめて複雑な心理をその後も引きずり続けているのである。

その後、女性は、おそらく世間でさんざん騒がれ、マスコミにも追いかけられたのであろう。ある小さな村でかなりみじめな生活をしているようであった。そして何よりも大きな問題は、Aの家族が彼女を殺人者扱いして、彼女を決して許そうとはしなかった点にあった。

宮下氏はそこでAの兄夫婦の取材にでかける。この兄夫婦からすれば、幇助した女性は犯罪者であった。いや犯罪者以外の何ものでもなかった。彼らは不信感のかたまりと化していた。家族でもないくせにこの女性は何の挨拶もなくズカズカと他人の家に入り込んできたではないか。結局、カネ目当てだったのだ、という。事件後、兄夫婦の家にもメディアが押し掛けたようである。おまけに一部のメディアは、この夫婦を、死亡した男と介護女性の愛情をわざと妨害したかのように報じた。どこでもメディアは、何かあると他人の事情の裏側まで土足で入り込んできて、その心を好き勝手に翻弄するもののようである。

宮下氏は尋ねている。じゃあ、あなたがもし死にたいのに死ねないのならどうするか、と。一瞬の沈黙がある。そしてその後に、この兄は「俺は安楽死を選ぶ」と答えた。一瞬、キツネにつままれたような宮下氏に対してこの兄は怒声をあげて叫んだ。「俺はいいんだよ。だけど、ダメなんだ。家族だけはダメなんだよ！」（『安楽死を遂げるまで』からの要約）

詳しくは宮下氏の書物を参照していただければと思うが、この問題の構図は容易ならざるものであるが、わかるといえばよくわかる。これはなかなか象徴的な光景であって、安楽死問題の困難と混乱をあますところなく示しているのではなかろうか。

誰しもがこの兄の発言には驚くだろう。しかしある意味で、おそらくは本人にさえもどうにもならないこの矛盾した言い方がすべてを物語っているようにもみえるのだ。寝たきりのマヒ状態に苦しむ弟は、兄貴にむかって何度も死なせてくれと懇願するのだが、兄は吐き捨てるようにいった。「そんなことが俺にできる訳がないだろ、馬鹿野郎！　生きなきゃダメなんだよ」と。「生きなきゃダメなんだよ」という命令口調は一体何なのだろうか。兄にも、もちろん弟の置かれた状況も、そしてその状況が弟にもたらした悲惨も、弟の気持ちもよくわかっていただろう。しかしそれを認めるわけにはいかない。それは、俺は犯罪者にはなりたくない、ということなのだろうか。弟が死にたいというのは弟のエゴである、とすれば、俺は殺人者なんかにはなりたくないというこちらもエゴなのだろうか。いやそうではあるまい。「家族だけはダメなんだよ」というところに、何か明快には説明のつかないこの問題のひとつの核心があるのではなかろうか。いくら本人が望んだとしても、しかもそのことを十分に了解していたとしても、家族が家族の死を帮助可能か、というのはとてつもない問題である。それは法的というよりも、心理的で倫理的な問題なのである。

私の父親は95歳で亡くなった。先に母親が亡くなっていたし、誰も同居者がいなかったので、最後の半年ほどは介護施設で過ごした。体は強くはなかったが、健康には気を付けていたので、特に病気はなく、大正元年生まれで、戦前の頑固者にみられるように、あらゆる事柄を自分の意思の統率のもとにおいて自らが納得いくように決定しなければ気がすまなかった。徹底した主知主義者であり、主意主義者であった。

その父親に元気がないというので、最終的に病院に入院して死を待つことになった。ほとんど目もみえず、口をひらく元気もなく、ただそれでも意識だけはある程度はっきりとしていた父は、紙とペンを貸せ、という仕草をする。そして、震える手で何とか文字を書く。震える文字を何とか読むと「ワシヲコロセ」と書いている。「何をいっているのだ」などといっていると、またしばらくして同じことをいう、「ハヤクシナセロ」と。

私は何やら曖昧なことを言ってその場から逃げ出した。父親の気持ちはよくわかる。わかりすぎるほどにわかる。しかし、どうして私が手を下すことができるのか。もちろん、医者に頼んでも積極的安楽死などやってくれるわけはない。私は、ただ逃げ出しただけであった。

そのことが今でも少しは悔やまれる。何かできたことがあったのではないか、とも思う。いたたまれなく、なすすべもなく逃げ出すことしかできなかった自分を少しは悔やむ。しかし、「少しは」といったのは、では逃げ出すほかに何ができたのだろうか、と自問しても答えはでないからである。

結局、父親は、その数日後に息を引き取った。しかし、看護師さんによると、その前の晩にお父さんはベッドから落ちました、という。不思議ですね、ほとんど寝返りも打てない人がどうやって落ちたのでしょうね、という。そうだったのか。そこまでして死にたかったのか、と私は思った。

ところで、宮下洋一氏の『安楽死を遂げるまで』は、スペインのほか、スイス、オランダ、ベルギー、アメリカ、それに日本におよぶ数か国の安楽死の事例を取材している。スイス、オランダ、ベルギーそれにアメリカのオレゴン州は安楽死が合法化されている。スイスでは、「エグジット」と呼ばれる自殺幇助団体があって、そこに事前登録した会員に対して、医者が消極的安楽死（自殺幇助）を行い、その後に警察の検証を受ける。まさに警察のお墨付きまで得てエグジット（脱出）するのだ。オランダでは、2名の医者による積極的安楽死が認められている。

こういうと、プロテスタントで自由主義的傾向の強い国の方が、安楽死に対して寛容にもみえるが、必ずしもそうではないようで、オランダでは、あまり宗教は関係がないらしい。それよりも、家族関係という要因の方が大きく、宮下氏の調査でも、家族が強く反対しているのはスペインのケースであって、オランダやスイスのケースでは、そもそも当人がひとり暮らしだったり、家族とはほとんど縁が切れており、単独で安楽死を決断しているのだ。

もっとも、家族の結束が強い国や地域と、個人主義的傾向が強い国や地域では、宗教の違いからくる死生観が影響しているのかもしれない。オランダやスイスのケースがたまたま独居者であったというよりは、これらの地域が、その宗教的背景（脱宗教的背景も含めて）からして個人主義的傾向を生み出している、という推論はありうるだろう。安楽死に対する一般的な態度が、その国や地域の背後にある死生観や社会観、自然観とどのように関連するかはかなり重要な点だと私には思われるのだが、さしあたって、これ以上、問わないことにしよう。

日本に関していえば、もちろん安楽死は合法化されていない。宮下氏は、かつて日本で起きた、医師による安楽死事件を3件取材している。そのひとつ、1991年に東海大学医学部付属病院でおきた日本初の安楽死事件では、あまりに苦しむ患者を前にして、家族も限界に達するのである。もうみてられない、楽にしてやってくれ、と家族がいう。この言葉の切実さに押されて、最初は生かすことが医者の仕事だといっていた担当医も、ついに安楽死を決行した。

ところが問題はその後である。看護師が当該医師の行為を病院長に報告し、それがマスメディアの知るところとなった。メディアは殺人医師として大々的に書き立て、そのうちに家族さえもが、医師に安楽死を依頼した覚えはない、といいだしたのである。

もしもこの医師が有罪であれば、医師に安楽死を依頼した家族も殺人教唆の罪に問われる可能性があったからかもしれない。それが家族の翻意の真相だったかどうか、それはわからない。いずれにせよ、家族の翻意は決定的であった。執行猶予つきの有罪判決を受けた医師は、この取材当時、田舎の小さな町で開業していたが、当然ながらメディアへの不信感、反感はすさまじく、この件については一切の取材を拒否したという。

日本にも1970年代に安楽死協会が発足したが、あまり安楽死についての議論も深まらず、また法制化もうまくゆかず、80年代には日本尊厳死協会に姿を変えた。しかし、そこでも活動の中心は、無用な延命治療は中止するという消極的な面が強く、ある条件のもとでは患者に対して死を与えるという積極的安楽死はなかなか俎上にのぼらない。つまり、日本では、欧米と比べれば、安楽死に対する拒否感はかなり強く、しかも、そもそも議論そのものが沸き上がらないのが実情である。安楽死の是非を論じること自体がタブー視され、拒否される傾向が強いのである。

私自身は、安楽死については、医師が一定の条件のもとに積極的に死を与える積極的安楽死まで含めて、可能な限り容認する方向で議論すべきだと思っている。それもできるだけ早くそうすべきだと思う。現在、障壁となるのは、刑法199条の殺人罪と202条の嘱託殺人罪であろうが、いうまでもなく、安楽死は、いわゆる「殺人」とはまったく違っている。これを「殺人」のカテゴリーで問題にすること自体が間違っているだろう。

しかしそのことは別にしても、安楽死に対する何か独特の拒否感が日本にはあるようにも思える。いや、それよりも前に、そもそものことを論じることに対する拒絶感がまずあって、「生命尊重」に反するかにみえる言辞を呈した途端に思考停止に陥り、たちまち拒否反応が現れる。そしてそれを「殺人」として単純化して騒ぎ立てるメディアがあり、そのようなメディアにお墨付きを与える人権主義の知識人がいる。これに手を染めた者は、あたかも殺人者であるかのように社会的に抹殺されてしまう。その結果、安楽死についての論議まで封殺されてしまうのだ。

私には、安楽死そのものよりも、マスメディアや風評に動揺する社会のもつこの体質の方がもっと殺人的で恐ろしいものに思われるのだが、繰り返すが、殺人と一定の条件のもとでの安楽死や自殺幇助はまったく違っている。こうした常識ぐらいは確認されてしかるべきであろう。

日本の家族主義

ところで宮下氏は、こういうことも書いている。もともと彼は、安楽死には懐疑的であったようだ。ところが、現場を取材するうちにかなりこの死を了解できるようになってきた。それでもまだ、どこか釈然としないものが残る。それは日本と欧米との文化の違いによるのではないか、と彼は考えるのだ。

宮下氏は、長年、アメリカやスペインで生活する欧米通である。だからこそ、彼は、欧米の安楽死やその関心を支えているものは、欧米の根強い個人主義の文化、すべてを理性的な判断のもとにおいて自己決定するという欧米的な価値ではないか、という。

これに対して、日本では個人主義や自己決定の価値観は弱い。むしろ、日本では「個」が「家族」や「集団」の上に乗っている。個人の生命も（したがって死もまた）家族や友人や親しい他者と分かち合っている、という観念が強い。したがって、日本の場合には、安楽死の是非といっても、家族との関係がきわめて大事になる。家族が納得していることが不可欠である。なぜなら、家族こそは患者本人の痛みも苦痛も共有しているからだ。

このような価値観が、日本において安楽死の議論をタブー視させてしまうのは事実であろう。それは、死というものを、本人だけのものではなく、家族や友人や、さらには場合によれば集団のものとみなす意識が強いからである。

これはまた言い換えれば、人間の生もその個人のものに限定されうるのではなく、家族や仲間と共有している何かなのである。「生」さらにいえば「生命」は、ただある個人の所有物なのではなく、それ自体が何らかの集団のなかにあってはじめて生きるのだ。人は、個人として自力で生きているのでなく人々によって「生かされている」のである。

こういう意識が日本には強い。だから、医者もなかなか手を出しづらい。みるにみかねて筋肉注射でも打てば、医者は刑事訴追を受けかねない。殺人罪に問われかねない。家族との摩擦も生じかねない。また、家族もなかなか安楽死の決断はしづらい。たとえ家族であっても別の生を生きた「個」を死なせるのではなく、家族というひとつの情的な結合体を壊してしまうからである。日本の場合、ここにある本質的な問題は、個人の生を保障するか否かという人権の問題ではなく、個人の生をどう捉えるかという価値観の問題ではなかろうか。

この種の価値観があるため、欧米の安楽死幇助の医師が堂々と自分の行為を説明するのに対して、日本の医師は、かりに安楽死をさせたとしても正面からそうはいわない。治療の流れだったなどといったり、みるにみかねた偶発的事態だなどということが多いし、かりに安楽死を認めても、その後、その問題について自己の行為の正当性を社会に訴えたりはしない。その結果、それは、責任ある立場の人の無責任性や、日本人のもつ物事の曖昧さへの志向などへと批判的に帰着させられることが多い。

確かに一面では、責任の所在を曖昧にして自己の立場を主張しない日本人の体質という面があるのかもしれない。しかし、より重要なことは、他人である医師が、個人がその「生」を共有している家族や集団の事情にむやみに介入してしまったという妙な自責に捉われるからではなかろうか。そしてまた、「生は家族と共にある」という意識が強いために、日本では、安楽死を望む側もまた、たぶんに「家族に迷惑をかけたくはない」という。これもまた、「自分は苦痛を受けたくない」という欧米とはかなり違っているのだ。

確定していない近代社会の死生観

先の映画『海を飛ぶ夢』の主人公の場合は、少し複雑である。欧米と日本の中間にある、というべきなのか。本人には「生を家族と共有している」という意識は薄い。だがまた、安楽死は死の自己決定であるといっても、兄にはそうは思えない。兄自身が引き裂かれているのである。生は自己のもの、したがって死も自己のものという意識と、他方では、生も死も家族で分かち合うもの、という二重の意識に引き裂かれているのである。

私には、この二重に引き裂かれた気分はよくわかる。たぶん、私もそうではないか、と思う。自分が安楽死の主人公であれば、「もう、頼むから何とかしてくれ」というだろう。これ以上家族に迷惑をかけたくないということもあろうが、それ以上に、耐え難い苦痛に耐えるのは耐えられない（妙な言い方ではあるが）と思うであろう。死なせてくれるものを神や仏だと思うだろう。たぶん私の父の最期もそうだったのだろう。もしも神や仏の慈悲というものがあるなら、今こそ慈悲を発揮してくれ、というだろう。

しかしまた、肉親がその主人公である場合にはそうは簡単にはいかない。確かに、いくら目前で苦痛をみせられたからといって、それほど簡単に死を与えるというわけにはいかないであろう。ましてや自分自身で幇助できるかといえばかなり苦しい。私自身もそうだった。もしかりに何らかのやり方で自殺幇助が可能だったとしても、やはりごまかして逃げ帰ったのではないかと思うのだ。

スペインのケースも、実際に手を下した数名はすべて家族や縁者ではなかった。欧米の自殺幇助団体や実際に死を与える医者も、もちろん家族ではない。第三者なのである。この第三者というところが興味深い。第三者に委ねるというのはある意味で合理的なやり方なのである。

とはいえ、いくら欧米が個人主義だといっても、欧米でも家族が問題ではないなどということはなかろう。欧米は個人主義だからして死の自己決定権の思想も育ちやすい、というのは、確かに一面の真理ではあろうが、事情はもう少し複雑だと私には思われる。きわめて近い肉親の死に際に対する思いが日本と欧米でそれほど異なるとは思えないからだ。日本人だけが家族に対する情愛が深く、欧米人はそうではない、などということはありえない。

ではどうして、欧米では、決定の重要なカギを第三者に与えるのだろうか。

確かに、いくら個人主義の欧米といえども、個人と家族のきずなは決して弱いわけではなかろう。しかしその上でいえば、家族の成員のつながりが情緒的に強くとも、個人の決定を家族が尊重するという暗黙の合意が欧米の家族にはあると解すべきであろう。だから、個人が安楽死を望めば家族はそれを尊重せざるをえない。そして、その実行は第三者に任せるのである。これはみようによっては、家族を守るために作り出された実に巧みなトリックにもみえる。家族の罪悪感を免責するための巧妙な合理化である、とみえなくもない。

多くの場合、寝たきりでなかば植物化した患者、あるいは難病に侵されて苦痛にあえぐ患者、あるいは、痴呆に侵され、ほとんど廃人同様になって周囲も扱いかねる患者はいくらでもいる。こうした患者の家族のすべてとはいわないが、その多数は、彼ら自身も耐え難い思いをしているであろう。そうだとすれば、あえて死を与えた方が本人もまわりも助かるではないか、と思う人がいても不思議ではない。それが、患者のためなのか、自分のエゴなのかなど、本人にもわかるまい。

ただはっきりしていることは、かりに安楽死を与えたとすれば、関係者はいずれ何がしかの悔恨を抱え込むことはまず必定であろう。得体のしれない、つまり出所不明な罪悪感が心奥にとぐろを巻くであろう。先のスペイン人の兄の「どうしてそんなことができるのか」という叫びには、実は、もう弟には死んでもらいたかった、という兄の内心の叫びが隠されている。弟の苦しみをもっとも知っているのは彼であっただろう。それをみながら看病（19年の長きにわたっての看病）する彼自身も、この生活から解放されたいと思ったであろう。そうだとしても不思議ではないし、誰も彼を責めることはできない。

だからこそ、彼は、弟の死を見知らぬ第三者の手に委ねたのではなかったのだろうか。そして、自分の内に横たわる罪の意識を覆い隠すべき、第三者の女性を殺人者呼ばわりすることになったのであろう。しかしそのことがまた、明らかにこの男に悔恨の念を植え付けている。変則的な、そしてもっと屈折した罪の意識を彼は背負ってしまったのではなかろうか。

もちろん、これは私の単なる推測に過ぎない。ただ、私が同じ立場におかれておれば、果たしてこの兄と似たことをしなかったであろうか。こう問われれば私には自信がない。スペインは、いまだに、国民の70％ほどが神を信じるカトリックの国である。オランダのカトリックは少数派であるが、スペインでは国民的宗教といってよい。とすれば、一瞬でも肉親の死を願えば、それは一生消えない内面的な罪科となるであろう。彼が、自らは手を下さずに第三者に委ねたとしても、その気持ちがわからないではない。

そして、その罪に関する免罪をいっそう制度化したのが、（プロテスタントの強い）オランダやスイスであった。本人が協会のメンバーになれば死は合法化されるし、医者が医療行為の延長上の判断で死を選択すれば、それもまた合理的である。近代的個人主義や医学的合理主義を持ち出せば、罪の意識に対する幾分かの免罪にはなるであろう。

個人の自己決定という大義、そして医療の専門家の判断という科学的客観主義、この二つは、西洋近代の合理主義そのものであり、欧米のいくつかの国や州では、死にぎわの大問題をこの近代的合理主義でもってなんとか乗り切ろうと試みているのだ。

この合理主義によって家族や友人がもつであろう罪の意識が減免されるのかどうかは定かではないが、確かなことは、その近代合理主義に救いを求める欧米でさえも、安楽死にはどうしても釈然としない思いが残ってしまう、ということなのである。徹底した個人主義や自己責任論と、医学的・専門的客観主義を合成してみたところで、すべてが見通しよくなるなどというものではまったくない。つまり、近代的な合理主義であらゆる物事を処理しうるとみなした西洋近代社会においても死生観は確定していないのである。ましてや、借り物の西洋近代合理主義を即席に輸入した日本で、ただただ戸惑いと情緒的な反応の支配のなかで議論がうやむやになってしまうのも、残念ながら当然といえば当然であろう。

「生」と「死」の境界線

西洋でさえ、実際には、生や死のもつ二重性という条件からは逃れられない。つまり、一方で、私の生も死も私のものである、というすべてを個人の自己決定に任せるという思想があり、他方には、生も死も個人だけのものではなく家族や何らかの集団のものである、という思想があって、ここに二重性がある。欧米においては、この二重性はともすれば衝突する。この衝突をなんとか調整するやり方が、先ほど述べたように、「個人の意思を家族も友人も尊重する」という共同了解であった。欧米でも「個」が「集団」の上に乗っているのは日本と同じなのだが、「集団」の側で「個」の意思を尊重するという価値が共有されている、ということにしたのだ。

それはそれでひとつの方法であった。「個」がバラバラに「集団」を作るのではなく、「個」はあくまで「集団」の一員として「集団」の中で「個」なのである。これが西洋の個人主義である。しかし、それでも割り切れないのだ。なぜなら、その「集団」が「集団」として成立している根拠はどこにあるのか、というと明瞭で合理的な答えはないからである。

これを別の見方でいえば、近代合理主義で割り切っているはずの欧米でも、実は、近代的な合理主義と伝統的な家族主義（集団主義）の二重構造になっており、それは容易には調整しきれないのである。欧米でさえも、個人の意思が独立独歩で一人歩きしているわけではない。「個人の意思」の背後には、あまり明瞭にはみえないにせよ、それを尊重する「家族」があり、「仲間」がいる。

この家族や仲間という集団による「個の尊重」とは、決して死にゆくものの個人の権利の尊重などではないであろう。逆にいえば、抽象的な個人の生命尊重という基本的人権への侵害などというものではないだろう。問題は権利の侵害か否かではない。この場合の「個の尊重」とは、むしろ、死を切望している「個」への、家族や仲間のやさしさであり、思いやりである。しかし同時にまたそれは家族や仲間のエゴなのである。ここにあるのは「個人の権利」などという問題ではないことは実は誰もがわかっているはずである。

安楽死の問題は、本質的には個人の生と死をめぐる「権利」の問題なのではない。「権利」の問題にしてしまえば、「生への権利（生命尊重）」と「死の権利（尊厳死）」が正面から対立するが、このように対立させてはこれという解決はない。

近代合理主義が、その根底に、すべての個人の生命への権利、すなわち、「生きる権利」に絶対的価値を認めたとき、この考えを高々と打ち出したアメリカ独立の闘士も、フランス革命の急進派も、決して「死の権利」が問題になるなどということは想像もしなかった。「死」は忌むべきものであり、死が与えられるとしても罪に対する罰則であって権利ではなかった。権利は生のみにあった。


しかしまた次のことも自明であった。なぜ「生への権利」が重要かというと、「生への権利」が、自己の幸福を自分で追求するという自己決定の権利を内蔵しているからである。奴隷のように鎖につながれてただ生き永らえているのではなく、自分のやり方で自分の幸福を追求できる、ということこそが大事なのである。ただ生きるのではなく、自分で自分の生を制御できることがその本旨なのである。そしてそのためには、生死が他者の手中に握られては困るのだ。ここに「自立」と「自由」の結びつきもでてくる。そこにまた、「生への権利」とは、自力で自分の幸福を実現する権利である、という了解もでてくる。だから、アメリカ独立宣言は、生命と自由と幸福追求の権利を三本柱として打ち立てたのである。

ところがそうするとどうなるか。ここにたちどころにディレンマが首をもたげる。「自分の幸福を自分で追求するという自己決定権」のなかに、「死の自己決定」も含まれるからである。なぜなら幸福とは主観的なものであり、他の誰にも譲り渡すこともできなければ他者に代理させるわけにもいかない。とすれば、人生の終末に現れる恐るべき苦痛を死によって解除したい、というのもまた個人の幸福追求になってしまうであろう。奴隷のように生殺与奪の権利を他人に委ねたくないならば、生だけではなく、死の権利も自己に委ねられるべきだ、ということになるだろう。「生への権利」が「死への権利」も生み出してしまうのだ。

これはほとんど解決不可能な難問である。西洋の近代主義を支える個人の権利という思想は、ここでその根本的な前提を暴露してしまうのである。それはこういうことである。

合理主義へと向かった西洋の近代社会は、とてつもない矛盾に行きあたってしまったわけである。それは、思いもしなかったデッドロックということもできるが、また、最初からわかりきっていた近代社会の根源的な矛盾だということもできよう。なぜなら「生こそが大事」という「生命尊重主義」を唱えた時、実は、「生」と「死」をあくまで対立的に理解されており、しかも「生」にのみ焦点を合わせていたからである。「死」という人間の根本的な事実を無視すればよい、とわれわれ近代人は考えたからである。中世人にとっては、永遠の「神」に対して「人」とは何よりも「死すべき存在」であった。しかし、その「神」を合理性の王国から追放した近代人は

「人」をあたかも「不死」の存在であるかに装った。そして合理的な決断などというものは、いずれ「生」のなかの話であって、「死」の次元の問題ではない、としたのである。

言い換えれば、「死」は、ある意味で、あるいはそのぎりぎりの瞬間にいたるまで「生」である、という事実から目を逸らしたかったのである。「生」の側にいる限り、すべては「自己決定」や「合理的理性」の枠組みに当てはめて論議することができる。何がよいのか、という善悪も自己責任や理性に照らして論じることができる。「生」でないものを「死」と定義しようすると「死」はもはや「生」ではないのだから論じる必要はない。こうすれば話は簡単である。それならば、「生」の世界における合理性だけを問題にすればよい。

もちろん、西洋にも「死」を問題とした哲学者もいる。たとえばハイデガー（1889〜1976）もその一人であろう。確かに、彼が考えたように、人間の根本的な条件は「死」である。いくら目をそらしても「死」はやってくる。いや、「人」という存在の根本条件は「死」にこそある、というべきである。「生」は、「死」に条件づけられてはじめて存在する。「死」へ向けた覚悟において「生」を意味づけるべきである。こうして彼なりの実存主義が死を前提にしてでてくる。

しかしそれでも、現実をみれば、「生」は抽象的に「死」と対比されるのではなく、「生」は「死」へとなだらかに変化しなだれ込んでゆく。だから生と死は必ずしも対立的に理解することはできない。実際には、生でも死でもない状態というものがありうるのだ。「生」は徐々に「死」へ移行するのであり、その移行過程にあって生とも死ともいいがたい状態がやってくる。

近代社会が決定的に無視したのは、本当は「死」そのものではなく、「生でも死でもない状態」なのである。確かに、死んでしまったものについては論じる必要も考える必要もない。そして生きているものについては、自己決定や幸福の追求について論じればよい。それはその通りである。ところが、生と死の境目に生でも死でもない状態がやってくるとすればどうなるのか。生も死も自己決定できなくなったとすればどうなるのか。自分で自分の生死も決定できないものは、もはや生者ではない、ということになろう。しかも死者でもないのだ。まさに存在が宙づりになっているのだ。こういう問題にわれわれは直面してしまった。これは、西洋の近代社会がまったく想定していなかったきわめて「現代的」な問題である。

21世紀にはいって、寿命が大きく延び、医療技術が恐ろしく進展した。実はこれらはすべて近代合理主義の達成した大きな成果である。生を可能な限り延長する、という近代社会の価値が、われわれの関心をもっぱら「生」へと集中し、現代医療にみられるように、「死」を遠ざけ、「死」の危機から「生」を救い出すことだけが現代医療の職業的な役割になった。ところがまさにその結果として、われわれは容易には死ねなくなり、「生」と「死」の境界線は曖昧になってしまい、生と死のはざまをさまようことになってしまった。生き延びることよりも、いかに死ぬかこそが逆に切実な問題になってしまったのだ。安楽死の問題も、このような逆説のなかで生じていることをまずは、知っておかなければならない。

第二章　安楽死と「あいまいさ」

安楽死の容認

前章では、宮下洋一氏の報告する欧米日の安楽死の事例を参考に、安楽死や尊厳死の考え方について論じてみたが、宮下氏の書物に続けて、安楽死に関する本をもうひとつ読んだ。それは、科学史家の村上陽一郎氏の『〈死〉の臨床学』（新曜社）という書物である。必ずしも安楽死だけではないが、本書は今日の医療が直面する「死」の現場における倫理を正面から扱うものであって、私には共感できる部分が多く、ここではこの書物を参考にしつつ、もう少し「死の問題」を考えてみたい。

まず改めて、安楽死が提起した問題を振り返っておこう。

今日、われわれは、何か判断したり論じたりするときに、いわゆる人間中心主義（ヒューマニズム）と呼ばれる近代的価値観を前提にしている。いってみれば、今日のわれわれの倫理学の教科書には、大書してこの近代的ヒューマニズムが掲げられており、ヒューマニズムに反する論議など論外であって、あらかじめ排除されてしまう。教科書はいう。個人の生命と自由、幸福を追求する権利、そして一人一人の人格が平等に尊重されなければならない。これは絶対的で普遍的な価値である。と。

少し分解していえば、ここには次のような価値が含まれているといってよいだろう。生命尊重、人格尊重、個人的自由、自己決定、幸福追求の権利、これらの権利の平等性、そしてその権利の絶対的正当性、といったことだ。

われわれはそれを疑いのないものとしている。しかし、この近代的価値はどうも「死」という人間の根源的な事実を前にすると、ほとんど無力になってしまう。いやそれどころではない。この近代的価値こそが、むしろ「死の問題」を相当に複雑で解決困難なものにしているのではないのだろうか、とも思えてくる。

たとえば、生命尊重を無条件で絶対的とみなしたとしよう。すると、われわれは心臓が拍動している限り、意識があろうがなかろうが、植物的にベッドに転がされていようが、いかなる状態にあっても延命処置をほどこされることになる。これが無条件の生命尊重の帰結であり、安楽死や尊厳死の問題は、まさしくそのような状態が耐え難いものとなったからこそ出てきたのであった。

しかし同時に、人は「人格として尊重されるべき」だともいわれる。とすれば、そもそも「人格」とは何かが問われることになる。植物的状態に置かれ、生命維持装置によって生きながらえるのは果たして「人格」を尊重されているのか、と誰しもが思う。「植物」に人格がないのは当然として、「植物的」ならどうなのか。これは悪い冗談に聞こえるであろうが、われわれはこの種の冗談をまじめに問わなければならなくなってしまった。「尊厳死」という言葉を私は好まないが、それでもここで「尊厳」という言葉が使われるのは、まさに、このような終末が「人格の尊厳」なのかという問いを発したくもなるからである。

したがって、安楽死問題は、一方で、現代の医療技術の想定外の進歩の結果、人は簡単には死ねなくなってしまった結果である。と同時に、そこには、この近代的価値そのものが深く関わっているということにもなる。繰り返すが、それは一方では生命尊重を高々と掲げ、他方では、自己決定や自己の幸福追求権を掲げ、この両者がまったく対立してしまうのである。だから、この近代的価値をもってきて、安楽死問題に答えをだそうとしても無理な話である。

しかもこの場合、生命尊重は、いろいろある近代的諸価値のなかのひとつというようなものではなく、何ものにも代えがたい重みをもっているのだ。それは、近代のすべての価値の重心なのであって、ヒューマニズムの核心的価値なのだ。だから、いかなる形であれ、他人の生命の抹消に関わる行為はまずは殺人とみなされ、最高度の犯罪とされる。

もちろん、われわれは、それがひとつの理想であって、現実にはそんなものは虚構であり、罪深さの言い訳である。こういいたくもなるのもまた事実であろう。生命尊重を高く掲げて独立を達成したアメリカの入植者たちが先住民にいかなる虐殺をしたのか、その後も、近代的人権を掲げたアメリカがどれほどの戦争や、また戦争という口実のもとに人命を奪ったか。あるいは人権宣言を打ち出したフランスのジャコバン派がどれほどの虐殺を行ったか、などなど。しかしそれでも、西洋近代のヒューマニズムの核心に生命尊重の理念があることは間違いなく、戦場なら無視できたとしても、病床ではそういうわけにもいかない。

したがって、安楽死の事例においても、多くの場合、何よりまず、医師なり介助者なりの殺人を疑われることになる。この生命尊重の絶対性を主張する近代主義からすれば、そうなるだろう。日本でも、安楽死に関わった者は、自殺幇助や嘱託殺人という刑法上の罪（202条）に問われることは前に述べた。

ただついでにいっておけば、ここには少し奇妙なことがあって、村上氏もその書物のなかで述べているが、嘱託殺人はともかく、自殺幇助が刑法上の罪になるのはまったく奇妙というほかないだろう。なぜなら自殺は罪ではないのだから、罪ではない行為の幇助が罪になる、という理屈は成立しがたいであろう。だからドイツでは、自殺が罪科でない以上、自殺幇助も罪科にはならないとされてきた。

ともあれ、生命尊重が安楽死問題に関してかなり厳しいハードルになっているのは、それを破ることが殺人罪という重罰に問われかねないからだ。保険金目当ての計画的殺人であれ、路上での衝動的殺人であれ、親分を殺されたヤクザの復讐であれ、そしてみるにみかねた嘱託殺人であれ、法的にはすべて殺人なのである。欧州における安楽死の先進国とされるオランダでは、1971年に、苦痛にあえぎ、しかもたびたび自分を殺してくれと哀願する母親を、ある女性医師が安楽死させたポストマ事件があった。彼女は嘱託殺人に問われ有罪となった。しかし、その判決には、次の条件を満たせば安楽死は殺人にはならない、という文言が付加された。それは、患者が病気に耐えがたく、病気の回復が見込めないことを複数の医師が判断し、しかも患者に明快な自死の要求がある場合には犯罪にはあたらない、としたのである。

こうして、オランダやスイス、そしてアメリカのいくつかの州では、安楽死は容認、つまり一定の条件を満たせば殺人とはみなさない、という法的判断が打ち出された。耐え難い苦痛からの脱出の最終手段としての自死という自己決定を、一定の条件のもとで優先するという一種の妥協であり、あるいは例外措置である。

しかし、ここに実は、正面からは語られていないきわめて重要なことが隠されている。もう一度述べると、多くの安楽死問題は、「生命尊重の権利」と「自己の幸福に関する自己決定の権利」の対立として理解される。いま私が述べてきたのもそのことであった。このふたつの権利は、絶対王政から解放された近代の入り口にあっては、別に矛盾でも何でもなかった。「自己の幸福追求」は「生存」を前提としているからである。しかし、それから200年以上もたった今日、このふたつの権利は、安楽死のような状況では、原則的に調停不可能となった。だから、一定の条件では法的裁可を問わない、という妥協と例外措置になったのである。しかし、問題はそれだけであろうか。

尊重とは何か

近代的価値の核心は、もう一度列挙すると次のようなものである。「生命尊重」「自己決定」「自己の幸福追求の自由」そしてもうひとつ「人格としての尊重」である。もっとも、「人格としての尊重」の中に「生命尊重」も「自己決定」「幸福追求」も含まれると考えれば、近代社会の基本的な価値は、「個人の人格の尊重」に集約されるといってもよい。ところが安楽死の問題は、「個人の人格の尊重」では話が片付かないのである。「人格としての尊重」といっても、一方には「生命尊重」があり、他方には「自己決定」プラス「幸福追求の自由」があって、この両者の間の対立が生じる。苦痛の極限では「死」こそが幸福という事態が生じるからである。

しかも、ここにもうひとつの「人格としての尊重」がある。これは、たとえば、ある人の生命は保障するが半ば奴隷状態におかれる、あるいは、その意思を催眠にかけたかのように管理してしまう、といった事態であり、それでは「生命尊重」には反しないとしても「人格尊重」とはとてもいえない。また、生命も自由も与えられているが、徹底して侮辱され自尊心を破壊され、恥辱を与えられれば、これも「人格尊重」とはいえまい。人は徹底的に誇りを傷つけられて自殺することもあるのだ。

つまり、「人格の尊重」とは、ただ人が生きることを尊重するのではなく、一人の人格の持ち主として尊重する、ということである。でなければ、とてつもない極悪人の「人格」も十分尊重されねばならないということになるであろう。

とはいえ、「一人の人格の持ち主として尊重する」とはどういうことなのだろうか。

そもそも「人格」とは難しい言葉である。哲学者のイマヌエル・カント（1724〜1804）が『実践理性批判』などにおいて、人格の尊重を絶対的な価値として主張した時には、ただ生命の維持だけではなく、他者に対するそれなりの敬意や、人間としての尊厳の尊重という意味を含んでいた。ということは、人は、人格として尊重されるには、それなりの「人格の持ち主」でなければならないということなのである。これは大事な論点である。

「人格の尊厳」とは「ディグニティ（dignity）」である。ディグニティとは、（先の村上氏によると）もともと中世からルネサンスにかけてのヨーロッパにおいて、人間がそこに存在する限り認められるべき固有の価値、という意味を帯びてきたようだが、少なくともカント以降の近代社会においては、「人間として存在する限り尊重されるべき絶対的な価値」とみなされるようになった。

しかしその場合に、「尊重される」とはどういうことなのか。これも決して容易な問題ではない。もともと「ディグニティ」のもととなるラテン語「ディグニタス（dignitas）」には、「……に値する（worth）」という意味が含まれていた。もっといえば、「尊重に値する」「敬意を払うに値する」という意味が付随していた。だから、「人格の尊厳」とは、ただただ生きているがゆえにそこにある権利、などというものではなく、「尊重に値するがゆえに与えられる権利」といわねばならない。

そしてこのことは次のことを意味するであろう。「敬意を払うに値する」といった時には、当然ながらそこに自分と他者の関係が前提となっている。この世に一人で生きて、「自分は敬意を払うに値する」などと独善に陥っても敬意は払われない。当たり前のことであろう。敬意とは当然、他者による敬意であり、そこに他者の目があり、他者との関係がある。簡単にいえば「社会」がある。社会のなかで一定の役割を果たす。他人にとって意味ある行為を行う。与えられた使命をまっとうする。何らかの意味で他人によって、社会的存在として認められる。つまり、人は「社会的」に意味ある存在でなければならない。

いずれにせよ、ここでは、他者に一定の働きかけを行い、それを他者によって評価される、という関係がなければならない。ということは、ここには、他者との共同関係の中で評価されたり非難される価値があるということだ。それは「善」や「悪」と呼ばれるものである。ここでは「善きもの」や「善き行為」が前提になっており、何らかの共有された「善」があり、それに関わる限りで尊重されるべき人格が現れてくるのである。

ローマ人にとってディグニタスとは、優れた市民や力と徳（ヴィルトゥス）に満ちた勇者に与えられる名誉と切り離せなかったであろうし、古代ギリシャにおいても、名誉に値する者とは、徳をもち、弁舌さわやかに人を説得できる者であったろう。今日のわれわれは、もはや古代のローマ人のように、戦場での勇者や教養溢れる市民などというものにディグニティを感じることはめずらしいとしても、それでも、それなりの「敬意に値する者」という観念から自由であるわけではない。アメリカの大統領になるには、大統領に「ふさわしい」かどうかはやはり問題になる。学校の教師が特に強い倫理性を求められるのは、やはり、子供を指導するに「ふさわしい」人格が求められるからである。

いや、このことに古代も近代もあるまい。人間が他者と共存して共同する限り、何らかの「敬意に値する」という観念が生まれるのは必定であり、「人格を尊重する」というディグニティの意識もここに生み出される。具体的な内容は、その社会のもつ伝統や状況によって決まるとしても、ディグニティを根本から失う社会はありえない。よかれあしかれ、何らかの「立派な人」や「立派な行い」という観念も、名誉の観念ももたない社会など存在しない。だからこそ、確かに「人格の尊重」は普遍的といってよい。

にもかかわらず、やっかいなのは、これを少し裏返してみれば、そこに恐るべき裏面がみえてくるからだ。それはほんの少し考えを巡らせてみればすぐわかる。なぜなら、「人格の尊重」というならば、「人格の破綻者」は尊重される必要はない、ということになりかねないからだ。どうみても人格が破綻した者がいる、人格を疑いたくなる者がいるとして、彼を排除してよいのだろうか。近代ヒューマニズムといえば誰も疑おうとはしないが、実は、ヒューマニズムの裏側には恐るべきからくりが仕掛けられている。

「人格の尊重」を、他者からの尊重に値するという前提で論じれば、社会的コミュニケーションがとれなくなった者はもはや尊重に値しないのか。こういう疑問がでてくるであろう。実は、ここに安楽死を考える重要な糸口もある。いや、それ以上といわねばならない。なぜなら、この問いは、安楽死には限られなくなってしまうからだ。ここでわれわれは、様々な意味で「生きるに値しない人間の生」というまことにやっかいな問題を提起してしまったことになる。

健常者の「生」とそうでない「生」

村上氏の書物は、主として安楽死に関わる医療の在り方を論じているのだが、実はまた、のっぴきならない主題にまで足を踏み入れている。それは障碍者の生という問題である。2016年、神奈川県のやまゆり園という養護施設で起きた大量殺人という衝撃的な事件があった。容疑者はこの施設で働いていた元職員であり、被害者の多くは重度の障碍者であった。

マスメディアは、この容疑者の精神的異常性を指摘し、いかにも残酷で異様な犯罪者像を報じていたが、とてもそれで片付けられるような事件ではなかった。

村上氏は、この容疑者の心理の動きを推測している。おそらく、毎日、重度の障碍者と向き合っているうちに、彼の心には、他人とコミュニケーションを取れない障碍者たちは「生きるに値しない」という気分が濃厚に立ち上がってきたのではないか。心の繋がりをもてるもの、他人とのコミュニケーションをとれるものは「生きるに値する」が、それができないものは「生きるに値しない」という確信である。ましてや、介護者にさえも乱暴を働き、糞尿を垂れ流し、しかも家族さえも当人を施設に預けっぱなしでまったく顔もみせない。このような人間が生きている意味があるのか、ということである。

こう書くと、この推測自体がいささか冷酷なもののように聞こえるかもしれない。だとすれば、それは、われわれがあまりに「生命尊重主義」に浸ってしまっているからである。残酷といえば、普通の人間とはその程度には残酷なものであろう。おそらく、このような心理の動きは、特に冷酷な異常者のものというわけではない。確かにそれが殺人に至るか否かの間には大きな断絶があるだろう。だが殺人には至らないとしても、誰もがこのような心理へと傾斜することは十分に推測できる。

もちろん、村上氏は、この犯罪に意味があったとか理解できるなどといっているのではない。障碍者には生きる権利はないなどという暴論を吐くわけもない。ただ、「容疑者は狂気に駆られていた」あるいは「とてつもなく残虐であった」として済ますわけにはいかない、といっているのだ。ここには、われわれが目をそむけてはならない重要な論点がある、ということだ。

やまゆり園のケースは、もちろん安楽死などではなく、殺人であることは明瞭である。まぎれもなく犯罪である。しかし、たとえば、この事件とは別に、かりに障碍者のなかに、かろうじて自分の意思を表現できるものがおり、自分は死にたい、という意思表現をしていたとすればどうだろうか。また、重度の障碍者をもった家族もやがて年老い、彼ら自身も生に疲れ果て、自分の子供の行くすえを心から案じていたとすればどうだろうか。家族や第三者がぎりぎりの選択の果てに手を下したとして、それをただ殺人で片付けることはできるのだろうか。

こういう場面では、自己決定や個人の幸福追求の権利などという近代的な価値はおよそ役には立たないのである。生命の無条件の尊重にせよ、個人の自己決定と幸福追求にせよ、それらはあくまで「生」における価値なのである。しかもこの場合の「生」は、健常者であり、自分の意思を表明でき、自己決定能力をもち、社会的なコミュニケーションが可能な「生」を想定している。要するに理性的な近代人の「生」が想定されている。その意味での「生」が壊れ、体が崩れ、思考力が衰弱し、ほとんど「死」へと時々刻々接近するような「死へ向かう生」は問題とはなっていない。だから、生が崩れてゆく場所にこのような近代的価値原則を持ち込んでもどうにもならないのである。

共感と人格

ではどう考えればよいのか。

実は、さきほどの「人格の尊厳」という観念が改めて手掛かりを与えるのではなかろうか。なぜなら、この観念は、他者との交わり、すなわち「社会」というものを根源的な事実として想定しているからである。

自己決定にせよ、幸福追求にせよ、それらは、あくまで個人主義という近代社会の大原則に乗っている。その上に、「自分のことは自分にしかわからない」という徹底した主観主義がでてくる。しかもこの場合に、「他人のことはわからないのだから、他人の生に介入するべきではない」という近代的な自由の思想がその正当性を与える。かくて「個人主義」「主観主義」「自由主義」は、近代社会のたどりついた「自由」の観念の極致であって、今日、「人間の基本的権利」を唱えるリベラリズム哲学はまさにこの三つの前提に基づいている。

しかし、先にも述べたように、「人格の尊厳」は本来少し違っていて、ここには人々の交わりがあり、交わり方についてのある種の想定があり、社会的に意義のある価値の共有がある。それが何かといえば、さしあたっては、「善きもの」への関与に対する敬意であり、端的にいえば「りっぱな人」に対する敬意といってよいだろう。

だが、「りっぱな人」といった時には、われわれは、すでに他人の人格に「共感」しているのではなかろうか。他人の、ある思想や生き方や処世術や信念などに共感している。そして社会とは多かれ少なかれ、この「共感」によって成り立っているのではなかろうか。重要なのは、われわれは他人に対する共感能力をもち、社会を形作っているのはまさにこの共感能力だ、という点である。

その意味で、いわば「人格の尊重」はもともと「個人主義」「主観主義」「自由主義」とは異なった系譜に属するのである。人のことなどかまわない、あるいはわからない、という機械のような人間の集合体として社会があるのではない。「人格」とは、人を社会的存在として形成する接着剤であり、結節点である。人は相互に、それぞれの「人」の「格」を測定し、評価し、それによって、様々な共感のレベルを作り出し、多様な層をもった社会を生み出す。「個人主義」で「主観主義」に立つから、ただそれだけで他者の「人格」を尊重するなどということはありえない。それ以前に、社会的存在としての他者に対する共感があってはじめて他者を「人格」として尊重できるのである。

それは、別に「あいつは人格者だ」といったときの、物分かりがよくて、教養もあり、他人に親切で、いつもにこにこしているといった「人格者」を意味しているわけではない。「格」にもいろいろある。もちろん、きわめて優れた「格」もあるが、そうでもない「格」もある。われわれは、社会的存在として、常に他者を、それなりに「格」付けている。いっさいそんなことをしていない、などという者はいないだろう。なぜなら、われわれが社会的存在であるとは、常に、他人との距離関係を測ることにほかならないからだ。誰と親しくし、誰と距離をおき、誰と利害関係を共有するか、誰を利用するか、誰のために命を惜しまないか、など、すべて距離の取り方であり、言い換えれば、ある価値観によって他者を「格付け」する。こうして、「格」とは価値を前提とした概念であって、その多様な「格」が繋がるところに「社会」があり、それを可能とするものは「共感」の力なのである。

近代的な権利観念をひとつの規範として、リベラリズムのもとを開いたのはカントとされているが、私には、「共感（compassion）」や「同感（sympathy）」を持ち出したアダム・スミス（1723〜1790）やデイヴィッド・ヒューム（1711〜1776）といった18世紀のイギリス思想家の方が、それこそいっそう「共感」できる。彼らはおおよそ同時代人であった。近代哲学の創始者であるカントの隣には、スミスやヒュームがいたことを忘れてはならない。

「共感」の語は、かなり広い意味をもつ。それは、まず、相手の立場への「共感」である。優れた人が優れた行為を行うことに対する「共感」はわかりやすい。スミスは、「共感」（彼の言葉では「同感＝シンパシー」）は、何か人並外れた偉大な行為に向けられやすい、と述べているが、しかし、とんでもない立場におかれた哀れな者に対する同情を込めた「共感」もあるだろう。

特に巨大災害などの偶発的な事態による悲惨な境遇の場合、自分がその立場におかれればどうなるのか、とわれわれはしばしば考える。スミスが好んで使った言い方を借りれば、われわれは「想像上の立場の交換」をすることができる（アダム・スミス『道徳感情論』）。悲惨な状況におかれた者を知った時、こちらもつい涙ぐみ「共感」（感情移入）する。こういう力をわれわれはもっている。この「共感の力」こそが「人格の尊重」を基本的権利に仕立て、そこに法的な正当性を与える。絶対的な道徳的義務としてその遂行を正義のもとにおく近代リベラリズムよりもはるかに根底にあって、「人格の尊重」を支えているのは「共感の力」なのだ。

このとき、いまここにいて平穏な「私」と、目の前で苦痛にうめいている「この人」とは、本当のところ何が違うのか、とわれわれは問う。「私」がいまここで「私」であり、「この人」がここで「この人」であるという共時的、共空間的に生まれた現実は、たまたま生じた偶然に過ぎないということもできよう。仏教は、その種の考えを壮大なまでに拡張して、すべての事象はことごとく因縁の産物、とまでいった。「私」も「この人」も存在しない。たまたま、健康な「私」と病気で苦しんでいる「この人」がいるだけで、すべては仮象だという。あるものはすべて相互に相依《そうい》しているのだから、「私」が「この人」であって、「この人」が「私」であっても不思議ではない。そこには固定的な実体はない、と仏教はいう。

もちろん、そういわれても、現実存在としての「私」と「この人」は厳然と区別されていて、いくら前世の因縁などといってもどうにもならないであろう。映画でもあるまいし、人格を入れ替えるわけにもいかない。病人の苦悩を私が引き受けるわけにはいかない。死にかけている者の代わりに自分が死ぬわけにはいかない。だからこそできるのは、せいぜいのところ「想像上の立場の交換」に過ぎないのである。それは、あくまで想像上のことなので、リアリズムからすれば欺瞞であり偽善であり、つまりはインチキだということにもなろう。

にもかかわらず、この種のインチキこそが、社会を作りだしている。『般若経』を信奉する大乗仏教者であれば、だから「社会」もこの世もすべては仮象だと心得、その真実は「空」であると知れ、というであろう。それはその通りである。「空」の思想はまた、その壮大な空こそが、仮象としてのこの社会（色）を生み出している、というのだ。

この世にあっては、病気に苦しむ者がそこにいて、こちら側にそれをみている私がいる。これは厳然たる事実であって、その立場を入れ替えることなどできない。私はただそれを同情しながら眺めているだけだ。しかし、それでも一度は、そんな在り方もまた仮象であり、われわれの知識が及ばない因果が引き起こした偶然だと知るべきであろう。その意味では、同情などインチキ極まりないことも知るべきであろう。だがまた、その上で、だからこそ、「想像上の立場の交換」ができることを知らなければならない。インチキだからこそ、そのインチキを生真面目に遂行するほかないであろう。スミスのいう「共感の原理」を日本の大乗仏教に引き付ければ、おおよそこういう風になるのではなかろうか。

ひとつの答えはない

さて、「共感」という原理からすれば、先ほどから述べている障碍者や安楽死の問題はどうなるのであろうか。実は、何ら、確定的な答えはでてこないのである。その意味では仏教でいう「無記＝答えなし」というほかない。

いや、この場合には、「確たる答えはない」ということが答えなのである。「共感の原理」は、「確たる答えなし」という答えを差し出すのである。これは、生命尊重主義と自己決定主義に挟まれて「解答不能」となる近代的な価値観とは違っている。

安楽死の問題に戻れば、「自己決定の原理」は、どうしても決定不可能にならざるをえない。なぜなら、死へ向かう最終段階で、すべてを自分で処理することはできないからである。自分の意思さえ表明することができないかもしれない。仮にできたとしても、体も動かず、自死もかなわないかもしれない。すると、どうしても「自己決定の原理」よりも「生命尊重の原理」が優位に立つであろう。少なくともこの矛盾を解決する方法は見当たらないであろう。

これに対して「共感の原理」は、一般的な解を最初から与えない。時と場合、つまりTPOによって答えは違ってくるとするのである。これも村上氏が指摘していることだが、病気とはディジーズ（disease）であり、すなわち、安楽（ease）が失われた（dis）状態である。だから、医者の仕事とは、本来、患者を安楽（ease）の状態にすることなのである。そうだとすれば、医者の仕事は、必ずしも病巣を取り、患部を修復する、といったことだけではなく、様々な形で安楽を与えることでもある。それこそが「ケア（care）」である。それは時には、病気を治すこと（キュア cure）でもあるし、また時には、安楽死を与えることでもあるだろう。少なくとも、「ケア」とは「キュア」そのものではない。

いずれにせよここで重要なのは、医者は、患者の苦しみ（dis-ease）や安楽（ease）に寄り添うことである。「ケア」とは寄り添うことであり、寄り添うとは「共感」することである。医者と患者という役割分割を超えて、また、他人の主観には関与せずという自由の原則を超えて、「想像上の立場の交換」によって、患者の主観に入り込まねばならない。それは、自分もまた明日には患者と同じ立場にたっているかもしれないからだ。

ところでアダム・スミスは、面白い、しかもかなり大事なことを述べている（『道徳感情論』）。よく知られたように、彼は、まずは物事の判断、とりわけ道徳的な判断は「中立的な観察者」によるのが望ましい、という。それは、「共感」をもたらす想像上の立場の交換において、中立的な観察者の見解がもっとも客観性をもって信頼できるからであろう。

だが実は、彼はさらにこう書いているのだ。この観察者とは「事情のよくわかった中立的観察者」であると。この第三者は、たとえば外部の有識者などの第三者委員会でもなければ、マスメディアでもなく、「事情のよくわかった者」なのである。この場合の「事情」とは、この患者のことをよく知り、その家族をよく知り、そして、人間の終末期にも詳しい者でなければならない。それは通常は医者や終末期のケアワーカーであろう。

結局、この問題について確たる結論はでないであろう。暫定的で実験的なやり方を積み重ねる以外にないであろう。それは、人間の「死」の一般的な形というものはないからである。なぜなら、一方で、「死」は確かに、徹底して個人的な、私的な、決して代替しえない自分一人の出来事であるが、同時にそれはまた、まったく個人的で私的なものへと還元できるものでもないからである。

家族があり、友人、知人があり、社会がある。死は生の終結だとしても、その生そのものが一人の「私」においては完結もしなければ、現に一人だけの生などありえないのであり、一人の人間の他者や社会との関わり方は実に多様なものであって、そこにひとつのルールも原則もありえないのである。人は決して「おひとり様」で死ぬことはできない。

そして、この「人は人々のなかで生きる」、あるいは「人は人々のなかで生かされる」という原理からすれば、「生命尊重」にせよ、「自己決定」にせよ、「基本的人権」にせよ、「自己の幸福追求」にせよ、これらの近代的価値など、はるかに限定されたものであり、せいぜいのところ、この200年ほどの間に西欧で生み出され世界に拡散した歴史的な観念に過ぎない、ともいえるであろう。いやそういわなければならない。

だからこそ、安楽死の問題に対して、ひとつの考え方を押し付けるべきではない。多様なケースを認め、その都度の判断（状況倫理）にゆだねるべきである。つまり、ここに「あいまい」で「ファジー」な領域を作っておくべきだ、という村上氏の暫定的結論に私もほとんど同意できるのだ。しかも、実際にはかつてはそうだった。「あいまい」であり、そのつど、よりましな道が模索されていた。この近代社会の極北において、われわれは、近代の底にあってみえなくなったものから改めて何かをえようとしているのである。

第三章　「死」が「生」を支える

尊厳とは「生」の側の論理

安楽死の問題について書いてきた。私は安楽死については、積極的であれ消極的であれ、可能な限り容認する方向で論議すべきだと思うが、そのこととはまた別に、どうして安楽死問題が、かくも解決困難な難問になってしまったのか、ということも気になる。

本書で関心をもつのは、それが、いわゆる西洋から始まった近代思想の枠組みのもとではほとんど解決不能になっている、ということであった。では、どうすればよいのか。もちろん、この問題についての確かな解決などありえない。私もあれこれと考えたりはするものの、本書でも何らかの答えを出せるわけではない。

だが、それぞれの社会にはその社会の死や生に関わる価値観や感覚の置き所といったものがあるだろう。いや、少なくともかつてはあっただろう。日本人には日本人の思考の方向のようなものがあっただろう。そこでこの章から後は、それを探ってみたいと思う。

安楽死に戻れば、ひと昔前には、いわば「あうんの了解」のようなものがあって、医者、家族、看護師、そしてあくまで想定される本人の意思の間の暗黙の了解によって、苦痛にもがき、かつ回復の見込みのない患者には死が与えられるということもしばしばあった。いわばケースバイケースなのだが、そこはグレーゾーンであって、グレーゾーンはグレーゾーンのままにしておくというところに一種の知恵があった。これはやむを得ない知恵なのである。

それはむろん安楽死に限ったことではない。グレーゾーン、つまり「あいまいさ」をうまく使った、ということである。だが近代社会は、このグレーゾーンなるものを排除する。ケースバイケースなどというあいまいなものを認めない。ケースバイケースなどといってうまくいかなかったら、一体、誰が責任を取るのか、というのである。

そこですべてが、ひとつの共通化されたルールの統率下におかれて、物事がこのルールにのっとって共通解にたどり着かなければ満足できなくなった。それはそれで公正、中立的で客観的なよさはあるのだが、逆にそのことがわれわれをルールに縛り付け、社会を随分と窮屈にしていることも事実であろう。あまりに責任、責任という言葉に敏感になりすぎているようにみえる。

もともと人間のやることなど、たいていの場合、状況依存、関係依存、感情依存で合理的に割り切れるものではない。だからこそルールの「あいまいさ」が必要なのだが、この「あいまいさ」が排除されると、ますます身動きがとりづらく、ときには決定不能状態に宙づりにされて不満だけが増大しかねない。

死の苦痛や恐怖、そしてそれからの解放は、人類の長い歴史の間、おそらく一瞬たりとも忘れ去られたことのない普遍的な問題だったであろう。いくら昔は人はバタバタと死んでいったといっても、人が死に関心をもたないわけはなかろう。しかし、そこに安楽死などという妙な言葉をあみだして、「死に方」の法的な正しさなどということを意識の俎上にあげたのは、せいぜいこの40～50年のことであろう。20万年以上におよぶホモ・サピエンスの長い歴史のほとんどの間、人類は、実に多様にいいかげんにあいまいに死んできたのである。

ここに「近代社会」というものの特異性がある。この場合の近代とは、今日では日本もすっぽり含まれているが、もとはといえば西洋が切り開いた壮大な実験である。「近代」とは、ただわれわれが生きているこの時代なのではなく、ひとつの特有の思想を指す。この思考の土台は、人間の生に至上の価値をおくヒューマニズムであるが、もう少し分解すれば、生命尊重と自由・平等の権利、またその目的である個人の幸福実現、人格の尊重ということになろう。

前章でも述べたように、まさにこの近代的価値が、安楽死問題を生みだしたし、また同時にそれをほとんど解決不可能な状態に宙づりにしてしまった。

今日、たとえば日本では安楽死に関わる意思を登録する「日本尊厳死協会」がある。尊厳死とは、すでに回復が見込めない末期患者に対しては積極的な延命治療を停止するという、いわゆる消極的安楽死を意味するが、それならば、自然死や簡便死や静穏死とでも呼んだ方がよさそうに思える。にもかかわらず、ここに尊厳死という言葉をあてはめるところに、近代特有の思考方法が現れている。

人はいずれ死ぬ。これは歴然たる事実だとしても、その具体的な死の様相は疑いもなく厳粛なものであろう。だがそれでも、その厳粛を尊厳といいかえたとき、死の尊厳とは何かと問えば、決して答えは明確ではない。そもそも「死に方」に「尊厳」などというものがあるのだろうか。

にもかかわらず、「尊厳」という言葉を使うのは、死という生命体の宿命的事実に対して、「個人の尊厳」や「人格の尊厳」という「近代的価値」でもって対処しようとするからである。そして尊厳とは、「個人の尊厳」にせよ、「人格的尊厳」にせよ、本質的に「生」の側の価値なのだ。つまり、「死」という事実にまで「生」の原理をあてはめようとしている、といってよい。

その「生」の側の価値を「死」にあてはめようとするところに、近代社会の苦渋があり、無理がある。「個人の尊厳」を「死」にあてはめようとすると、おそらく「自死」しか確実な尊厳死はなくなるだろう。なぜなら、個人の尊厳や人格の尊厳とは、このことをきわめて重視したカントによれば、「主体的な意思の自由の尊重」にほかならないからである。ようするに、自分のことは自分で決め、自分で行うという徹底した自己決定である。そこに、一切の隷従や強制は作用しない。個人の自由意思を、それ自体として尊重する、つまり、個人の人格を手段として何かに従属させるのではなく、あくまで目的として、それ自体として尊重するのである。

カント説が現実的か否かは別としても、それは近代の道徳的な原則命題となった。だがそれはあくまで「生」の道徳原則である。死に方ではない。自由意思による自死をカントは認めない。しかし自死を認めなければ、「個人の尊厳」や「人格的尊厳」にもとづく「死」などというものはまずありえない。あるとすれば、せいぜいのところ、「個人の尊厳を忖度した他者」による幇助死ということになろう。しかしそれも厳密にいえば、カントの「自立」の原理に反している。

現実をみてみよう。ほとんどの死の現場においては、「個人の尊厳」や「人格的尊厳」などというものはすでに失効している。鼻にはチューブを突っ込まれ、下半身にはオムツをあてられて「尊厳」も何もあったものではないだろう。そこに「個人の尊厳」という「生」の原理を持ち込んでもどうにもならないであろう。仏教がいうように、生・老・病・死と四つの「苦」を区別すれば、「生」が「死」と異なることはもちろん、「老」や「病」とも違っている。仏陀は「老」や「病」は「生」とは違う、といっているのである。「生」と「死」だけがあるのではない。その間にちゃんと「老」と「病」がある。ゴータマ・ブッダ（釈迦）は面白いことをいったものである。

そこで、事故や自死や心臓発作のような突然死ででもなければ、今日のほとんどの死は、病院や終末期施設で迎えることになるので、すでにそこに「生」はない。それは「老」か「病」である。その先にあるのは、闘病の果ての苦悶死にせよ、老衰の果ての衰弱死にせよ、それは基本的には人為的に管理された死である。病院や施設で死を迎える限り、厳密な意味での自然死などというものはありえない。「生」が「死」に転化するのではなく、この間に「生」でも「死」でもない状態があり、それをたいていの場合、病院で「管理」されているのである。

とすれば、あるのは、人工死の様々な態様にすぎないであろう。チューブがどこに入っているか、その数が多いか少ないか、中身が何なのか、といった程度の違いはあっても、基本的に生死の「間」にはチューブが差し挟まれるのだ。かくて、チューブ問題の延長上におかれた積極的安楽死も消極的安楽死も程度問題といえるであろう。

そうだと割り切れば、この程度問題は、やはり「ケースバイケース」なのである。「忖度」こそが大事なのだ。忖度というと政治家や官僚がよく問題にされるが、やるべきでない忖度をするからまずいので（本当は、それは忖度にさえなっていない）、時と場所によっては忖度ほど大事なものもない。人工死とは、いずれ、まわりの者が、気を配りつつうまく死なせる、ということにほかならないからである。そんなところに、「個人の尊厳」もなければ普遍的なルールもない。倫理的に正しい解もない。グレーゾーンをうまく処遇する知恵こそが必要とされるといった方がよい。

「生」の拡張と「死」の忘却

さて、安楽死を離れて、もう少し話を広げてみたい。

私は、安楽死や尊厳死という問題そのものが、「近代」によって生み出されたものだ、と述べた。「生命尊重」や「個人の人格の尊厳」といった近代の価値がもたらした問題だといった。それは、「生命尊重」にせよ、「人格の尊厳」にせよ、あくまで社会的な「生」にかかわる価値だ、ということであった。そこから「死」は排除されている、ということだ。

そこでこう問いたくなる。近代とは西洋が生み出した歴史的時間であり、また同時に思想的概念であった。確かに、「生命尊重」にせよ、「人格の尊厳」にせよ、それを権利として言語化し、さらには法的な正義にまで高めたのは「西洋近代」であった。ということは、「西洋近代」とは、基本的に「生」の原理によって組み立てられ、「死」を排除した社会なのではないか。そこでは、「生」と「死」は対立する。「生」にこそ幸福があり、「死」は人から幸福を奪い取るものなのだ。

こうして、人生問題とは、生の充実に集約されることになった。そんなところに「死」が顔をだされてははた迷惑であろう。そもそも「死」について思索する意味などない。「死」は無意味だからである。この世に存在するのは「生」だけで「死」は存在しない。いや本当は死者も存在しない。現代でももしもキリスト教が強く信仰されておれば、死後の魂がゆく場所もあり、死に意味を与えることもできたであろう。しかし、宗教も衰退し、死後の魂のゆく場所も失われれば、死によって消失したものについて論じることには意味はない。だから活動の場を広げ、自由を求め、富を産出し、「生の充実」をはかることだけが意味をもってくるのだ。

ひとたびこの方向に価値のベクトルを向ければ、世界中のあらゆる場所にまで進出しようという拡張主義や、とことん富を増やそうという経済成長主義や、ありとあらゆる情報技術を駆使してエンターテインメントを生み出そうという快楽主義が幅を利かせるのも当然であろう。「生の充実」と「生きているもの（存在するもの）の拡充」は同じことであり、それは具体的にいえば、生きているうちにせいいっぱいの快楽を手にし、幸福を増大することになる。

さらには、「死」をできるだけ遠ざけるために医療技術には巨額の資金を投下して医学の進歩をめざし、生命科学は生命の延長を追求する。だから、医療は、「ケア（介護）」ではなく、あくまで「キュア（治療）」であって、先端のキュアにはいくらでもカネはつぎ込まれるが、ケアの先端にはほとんどカネは回ってこない。「キュア」は生の方へ向いているが、「ケア」は多くの場合、死の方を向いているからである。

われわれはすっかりこうした考えに慣らされてしまった。「生の拡張」という観念がいわばグローバル・スタンダードになってしまった。「生の拡張」と「死の忘却」は、相互に補完しあって、近代的自由の観念を支え、宗教的な非合理を排して理性を賞揚し、科学と応用技術によって巨大産業を誕生させた。

もちろん、近代以前にまで視野を広げたとき、長い歴史をもつ西洋文化が、常に「死」を排除したかというと、決してそんなことはなかった。西洋文化を組み立てているものは、歴史のなかに分厚く堆積された幾重もの層であり、またそれが生み出す多様な相である。その堆積層には、古代ユダヤ教があり、キリスト教があり、宗教戦争があり、古代ギリシャとローマがあり、ゲルマン世界と地中海があり、中世があり、ルネサンスの人文主義があり、王侯貴族文化があり、ゴシックがありバロックがあり、それらの伝統の上に「近代」が載っている。「近代」という表土を少し掘ってみれば、西洋文化の地層には「死者」はしっかり眠っている。いや、眠りながらもこの地表の世界をみている。「生」と「死」の関係はそれほど単純ではない。キリスト教は、聖霊や霊魂を持ち出して「死後」を語ろうとしたし、ペストの恐怖におののいた中世は「メメント・モリ（死を忘れるな）」という標語を胸に刻もうとした。ゴシックは、われわれの心のなかに潜在する「死の恐怖」を尖塔の下に隠し持っていた。

管見しただけでも、西洋は「死」を排除したわけではなく、「死」を無視したわけでもない。しかしそれでも、多くの場合、「死」は「生」の切断であり、「生」を切り裂くものであり、したがって、恐怖の対象であり、忌避されるべきものであった。古代ローマの宴会において骸骨を列席させるという悪趣味は、快楽のさなかにも生を一瞬で断ち切る死の恐怖を思い起こさせる装置であり、中世に頻繁に描かれた髑髏の絵もまた、生を断ち切る死の恐怖から目をそむけるなと訴えていた。死を持ち出してそこから生をみようとしたことは事実である。しかしそれでもやはり、死は生と対立し、生を遮断する恐怖の対象であった、といってよい。

「生」も「苦」

さて、どうしてこんなことを書いたかというと、私は、改めて、日本の伝統的な思想における「生」と「死」の観念に思いをはせてみたかったからである。世界の事情はよくわからないものの、日本の「生」と「死」の観念は、かなり特異なものではないのだろうか。少なくとも、それは、西洋のそれとは大きく異なっているように思われる。

典型的な例は仏教である。紀元前の5世紀前後に、インドでゴータマ・ブッダ（釈迦）が、人間の老や病や死の姿に大きな衝撃を受けて修行の道に入った。これが仏教の始まりであるが、その場合、印象的なのは、彼が、老病死だけではなく、「生」も苦と断じ、「生」をまずは徹底して否定的に捉えたことである。西洋ではおそらく考えられないことである。少なくとも、これは西洋近代の発想とはあまりにかけ離れている。

確かに、ゴータマ・ブッダの推論は実に論理的であった。あまりに論理的過ぎるほどである。老病死が苦痛であるとすれば、その原因は「生」そのものにある、ということになるだろう。「生」がなければ老病死もないからだ。そもそも生まれてきたこと自体に根本的な問題があるのだ。実にロジカルである。

しかも、仏教でいう「苦」とは、身体的な苦痛や精神が受ける打撃などもあるが、それよりまずは「思い通りにならないこと」なのであった。だから、老も病も死も「苦」であるのは当然である。それらはまったく思い通りにならない。だが「生」もやはり思い通りにはならない。どのような時代にどのような場所で、どのような親のもとに生まれるかなどもすべて思い通りにはならない。さらに、生きていて、希望通り、欲望通りにならないことはいくらでもある。かくて「生」もまた「苦」となる。

それはその通りであろう。しかし、死がいやなら生まれなければよかった、といっても仕方がなかろう。だからこそ、生まれたこと自体が思い通りにならないのであって、俺は生まれたくもなかったなどといっても仕方ない。では、生まれてしまったなら、できるだけ早くこの世におさらばすればよい、ということになるのではなかろうか。生老病が苦であれば、さっさと死ねばよい、といってもよさそうであろう。

しかし仏教はそうはいわない。なぜなら、生も死も、自分で選択し決定できる種類のものではないからである。生まれてしまった以上「苦」を引き受け、「苦」を自覚するほかない。「生」は、十二縁起の無明《むみょう》から始まる因縁の連鎖が生み出したものであって、死もまたそうだ。さらに手の込んだことに、ここに輪廻説を持ち出してくれば、私が死んでもまた来世で、別の何かが生まれ落ちるだけのことで、転生を繰り返すのである。輪廻とは、私が私として別の何かに生まれ変わることではない。私自身はその姿も形もなくなっているが、また別の何ものかが別の形で「生」の「苦」を繰り返すだけなのである。だから、生が苦だからといって死ねば話が片付くというものではない。

そこで釈迦はどうしたか。彼は解脱を求めた。解脱にいたらなければ、結局、生死は繰り返されるだけであり、苦は永遠に続くからである。釈迦の教えは、どこまでもこの現世の「苦」を強調した。生は苦であり死も苦である。だから修行や正しい生活のあげくの解脱以外に救いはないのである。

これがもともとの仏教の出発点である。しかし、解脱するとはどういうことなのだろうか。よく「覚りをひらいて涅槃（ニルヴァーナ）に入る」というが、それは「死」を意味しているのだろうか。いや死んだとて、苦を引きずったまま輪廻してしまえば意味はない。とすれば、どうすればよいのか。そこで日本に伝来した大乗仏教はここにひとつのトリックを持ち込んだ。死ぬのではなく、この世の生のさなかにあって「覚り」をひらくことができればよいではないか、という。それは、因縁にもとづいた生と死の真理を徹底して知れ、というのである。真の智慧（真如）を得よ、という。それは次のように覚ることである。

　生も死も、自分の意思によって自己決定できるようなものではない。生や死といっても、その主体であるべき自己などというものは、実体としては存在しないのだ。もちろん、西洋近代のいう自由意思などというものはどこにも存在しない。すべて錯覚である。自己と呼んでいるものは、実は、色《しき》（物質的なもの）、受《じゅ》（感覚）、想《そう》（表象作用）、行《ぎょう》（意志）、識《しき》（認識作用）という五蘊《ごうん》が、仮に、しかも一時的に結合（五蘊仮和合）したものにすぎず、それはいずれ分解して霧散する。この霧散した状態が死であって、また次にそれらは別の形で仮の結合を生み出す。この仮和合の連鎖はことごとく過去からの因縁生起によるもので、たえず転変し流動している。それが輪廻であるが、輪廻とはサンスクリット語では「サンサーラ」であり、「流転」すること、そして転じて「現世」を指す言葉ともなった。

　自己も世界も確かな実体などではない。すべては、流転し変転し続ける。この世もこの世に生を受けている私もすべて輪廻の一局面に過ぎない。そこに実体はない。そこでその無実体を無あるいは空という。われわれが生きているこの現実は仮象であり、実体をもたないことをしっかと覚知すべきである、という。あらゆる物事の「縁起・無自性・空」を知れという。それを、ただ頭でわかるのではなく、心身をあげて真に体得すること、そのことが覚りである。それは分別や言葉で了解することではない。

浄土はこの世にある

確かに、少し突き詰めれば、自己などというものが自明の存在かと問えばかなりあやしい。自己とは、果たして、意識の作用なのか、それとも感覚なのか、あるいは思考や理性を指すのか、または、この形をした肉体なのか。

こう問えば、確かな「私」などというものは何なのかよくわからなくなる。まして、10年もたてば、肉体も衰え、好き嫌いも変わり、考え方も変わる。20年もたてば人はすっかり変わっている。昔の友人に久しぶりに会っても、顔も考えもすっかり変わっている。いや、自分の方も変わったのだろう。とすれば、「私」など、その時々の社会状況や人間関係や自然環境や、さらには、親から受け継いだ遺伝子や家庭環境などによって、たまたまこのような姿形を取ってここに仮の姿をとどめているに過ぎないではないか。

そうならば、もはや「私」という確かな実体の存在を自明視するというわけにはいかない。確かに『方丈記』の冒頭にあるように、あらゆる存在は川の流れの中に浮かんでは消える泡のようなものであろう。私もまた、時のなかを流転してゆく存在にすぎないではないか。

こういう立場にたてば、カントが口を酸っぱくして唱え、近代西洋思想の軸ともなった道徳義務の原理や、その前提である「自己決定」などということも、あるいはまた「人格の尊重」などというヒューマニズムも、実はありもしない自己への執着に過ぎないということになるであろう。個人の尊厳などといえば聞こえはよいが、実際には、自己執着であり、自己への妄信が生みだした仮象に過ぎない。そして、自己への執着こそが生の苦をもたらす最大の害悪（煩悩）だと説くのが仏教であった。

確かにこういうことはよくわかる。われわれは、しばしば、自分と他人を比較してささやかな優越感をえたり、富やカネをさりげなく自慢したり、虚栄心から調子にのって自分を飾り立てたりする。愛する者がおれば相手からの愛をも要求するだろう。たいていの場合これこそが「生」の愉楽なのである。少なくともわれわれはそう考えている。他人に対する優越感の確保、地位や富の獲得、愛の対象を手に入れること、これこそが「生の充足」だと思っている。

だが考えてみれば、まさにそのことが苦をもたらすのではないか。自分を他人と比較ばかりしておれば、いつも他人の目を気にして心が休まらず、嫉妬は人を悪魔にまで仕立てる。地位や富への執着は、地位から転落する不安に人を突き入れ、他人はみな盗賊にみえてくる。富への執着は無限に満たされまい。シェイクスピア（1564～1616）が描き出したデズデモーナに対するオテロではないが、愛は常に嫉妬を同居させている。それはすべて「苦」にほかならないであろう。

しかも、仮に一時的に名誉も地位も富も愛も手に入れたとしても、いずれそんなものはすぐに失われてしまう。いかに「生」を充実させても、老・病・死によってすべて失われる。おまけに生の充実を求めれば求めるほど、老・病・死の苦はさらに強烈なものとなろう。

これは時を刻むように老・病・死へとひたすら接近してゆく老人だけの話ではない。人が他人と接し、社会を作り、欲望をもつ限り、苦は必定である。仏教でいえば、愛する者ともいずれ別れなければならず（愛別離苦）、地位も富もどれほどもがいても手に入るとは限らず（求不得苦）、嫌な者とも会わねばならず（怨憎会苦）、さらに肉体や精神があまりに元気過ぎて、それがうみだす欲望に振り回される（五蘊盛苦）。となれば、「生の充実」をはかることそのものが「生の苦痛」にほかならないであろう。

ではどうすればその「生の苦痛」から逃れることができるのだろうか。仏教が案出した答えは、ともかくも恐ろしく過激なものであった。「一切皆空」、すなわち、すべては空であり、自己もその本性は無である、という真理を知れ、というのである。そこから、仏教の根本的な真理である三法印、すなわち「諸行無常、諸法無我、涅槃寂静」が打ち出される。すべてのものは移りゆき生滅する（諸行無常）。だから、確かな実体などこの世にはない（諸法無我）。そしてそのことの覚りによってすべての苦悩から解脱してこころの安息をえる（涅槃寂静）。これが仏教の教えであった。

だとすれば、「私」も、草木や花々も、さらには山河などの自然も、そしてこの世の中すべてが、その本性は空（無）であり、決して実体をもたない。どんなに美しい花もその底に「無」をもっており、どれほどすぐれた人物も本性は「無」であり、どれほどいとしい異性も本性は「無」である。いくら栄華を誇り富を蓄えた王朝といえども根本に「無」を宿している。その実相は「無」なのである。繰り返すが、「無」とは、真空のように何もない状態ではなく、確かな実体をもたず、まったく不定形で、常に変化し続けている、という意味である。

そのことをしかと自覚することが「真如」（真理）に達する道であって、それしか「苦」から逃れる方法はない。だがその自覚があれば、「私」に執着し、私の欲望にこだわり、地位や名誉や富の獲得に奔走し、他人と競争して他人を蹴おとそうなどとは思わないであろう。執着と欲望こそが苦をもたらすことを知り、さらにいえば「生の充実」をはかろうとする意欲こそが煩悩を増幅することがわかるだろう。

だから、「私」への執着もモノへの欲望も他人との比較もすべて空しい、と知れ。すると、多少なりとも煩悩から解放されるであろう。一切皆苦、諸行無常、諸法無我を徹底して自覚し、一切は皆空と知れ。すると、われわれは様々な「とらわれ」から解き放たれる。そのとき、こころの安楽や自在を得ることができ、本当の「生の充実」が得られるであろう。この境地に入ることが解脱なのであって、死んで往生することが解脱なのではない。解脱は、死後ではなく、生のなかにある。「縁起・無自性・空」の世界を浄土真宗の宗祖・親鸞（1173〜1262）は「浄土」と呼んだとすれば、浄土は、あの世ではなく、この世にあると知らねばならない。極楽浄土は、死後のあの世ではなく、まさにいまここにあるのだ。

AはAでなくしてAである

仏教が説く死生観は、一見したところ死を解脱とみ、極楽への往生を説き、生をただただ苦痛にみちたものとして否定するかのように思われがちであるが、それは違っている。やすらかに往生することが仏教の極意ではない。ゴータマ・ブッダに戻ってもわかるように、仏教とは、もともと「よく生きる」つまり「生の充実」をはかるための哲学というべきものであった。ただ、それは、われわれが普通に考える「生の充実」とはまったく違っていた。近代人にとって当然と思われている、欲望の最大限の充足や、活動の自由の拡張や、新奇な経験などをもって「生の充実」とみるのとはまったく対極にある。

仏教は、その種の「生の充実」はすべて否定する。そんなものは捨てろ、という。とらわれるな、という。その意味では、生は空虚であることを知れ、という。生とは、それ自体が苦であることを知れ、という。

しかし、仏教の面白いところは、そのことを徹底して知れば、ものにはとらわれない自在の境地にあって、あるものをあるがままに楽しみ、分を超えようと無理することもなく（自然法爾）、安寧の境地で生きることができる、というのだ。仏教は、もともとは苦行の果ての救済（解脱）を求めるものではあるが、その手前に、一種の処世術のようなところがある。解脱とはいかなくとも、日常の中で正しく生きる道を説く道徳的な面がある。その実践こそが真の「生の充実」だという。すべてを捨て、諦めることで生が本当に輝く。「生」とは、「生の充足」をすべて捨て去り、諦めにおいて真に「生の充足」をえる、という。いってみれば「生は、生を捨て去ることで、生である」というのだ。生は一度、否定されて本当の生となって立ち現れる。

いうまでもなく、これは例の『般若心経』の「色即是空、空即是色」と同じ論理であろう。『般若心経』はこういっている。「この世界（色）は存在しない（空）。そのゆえにこの世界（色）である」と。「いっさいの存在は、存在しない（無である）がゆえに、それとして存在する」といっているのである。

これは『金剛経』や『般若経』など般若系の大乗仏教がことさらに強調する論理であり、仏教学者である鈴木大拙（1870～1966）は、それを「即非の論理」と呼び、仏教的思考の柱とみなした。それは、「AはAである」という通常の自己同一的命題ではなく、「AはAでなくしてAである」という否定を内蔵した逆説的論理なのである。

「AはAである」とは、すべての存在者（存在するもの）についての通常の論理であり、通常の認識である。この自己同一性を示す同一律は、自明性をもった反復的な定義に過ぎない。しかし、「AはAでなくしてAである」は、すべての存在者を自明なものとはしない。存在＝有の背後に無をみる。存在の背後に、存在がない（無・存在）、という状態を透かしみる。この時、存在をただそのままみるのではなく、いわばその背後にまわらねばならない。後ろにまわって「何もない」ところに一度は立たねばならない。そうすることで、再びAに戻るが、それはただもとのまのAではなく、いわば真の〈A〉というべきものなのである。

「私」といったときに、「果たして本当に私は存在するのか」という問いの衝立《ついたて》をたて、この衝立を透かして、その向こうに私の「無自性」を看取する。この日常の色にまみれた自己をいちど脱色し否定して「無」へと還元して、そのあとで再び、「私」へと回帰する。「無自性」や「一切皆空」「諸法無我」へといちど向かったあとで、もういちど、「私」に戻る。こうして「我に返る」。〈私〉というものがみえてくる。「AはAでなくしてAである」の論理はこうしてでてくる。

　この論理の面白さは、「有」を消すことで次のステップとして「無」に転換するのではなく、また「有」の否定が「無」なのではなく、「無」はみえないところで「有」を支えているのだ。「AはAでなくしてAである」とは、認識の順番をいったものではない。「Aはない」が「A」を成り立たせている。否定が逆に肯定を生んでいる。「非存在」が「存在」を支えている。「私」を否定することで、逆に私がそのままで肯定されるのである。哲学者の西田幾多郎（1870〜1945）は、それを「有るものは無の場所において有る」といった。

「私」に即していえば、この場合の「否定」とは、自我を滅却すること、我執を捨て去ることであり、この自己滅却において、そのままの自己が肯定されるのだ。「私」は、本来、「無私」においてあるのだ。ただここに存在するそのままの「私」を「私」と思うのは、現象、仮象に囚われているに過ぎない。「生」でいえば、「生」が否定されることで逆に「生」がそのままで肯定される。「生」の否定とは、欲望を募らせ、自由を求めるといった「生の充実」をいちどは徹底して否定することであり、その否定の上に、ありのままのすがすがしい「生」の肯定がおのずと生まれてくるだろう。

水面の月

こういう論理が日本思想には色濃く漂っているのではなかろうか。ある物事をそのままの実体としてみるのではなく、いちどは、それを否定し、無や空の方へ押しやって、その上で、あるいは、その無や空において、物事を改めて観ずるというような思想である。特に仏教ではすんだ水面に映った月をめでる、というような例えがよくだされる。われわれは、もちろん夜空を見上げて文字通りの月をみることもできる。しかし、日本人の風雅は、夜空の月をまじまじと見上げるのではなく、うつむきながら水面に映る月をみることを楽しんだ。水面の月は実体ではない。仮象である。すんだ水の上に浮かぶ月は「無」の上に姿を結ぶ「色」である。月を浮かべる水は一点のにごりもなくすんでいなければならない。すんだ水は無自性である。そこでこのすんだ水を人のこころの在り方だとすれば、夜空にみえる月という実体への執着を離れた清浄のこころには、月のもつはかない一時の美が無常の感とともに映し出されるであろう。だから月は目で見るのではなく、心で観るのである。こういう思想が日本文化の根底にはある。

同じことは「生」と「死」についてもいえるだろう。「生」の否定とは、とりもなおさず「死」

である。とすれば、「死」を前提にして「生」へ戻ってくれれば、「生」はこれまでとはまるで違った意味をもってくるだろう。死という「無」に映し出された生は、はかなくも美しい一瞬の輝きをもったものとして意識されるであろう。東日本大震災を経験した人が、瀕死の目にあって生き延びた後、人生観がすっかり変わったとはよく聞くことである。昭和のあの大戦を生き延びた人からもよくそういう言葉を聞いた。死に直面することで、生への意識が変わるのである。「死」を前提におくことで「生」の意味が変わってしまうのだ。

この変化が、本人にとって望ましい変化かどうかは別としよう。ただ、確かなことは、このとき、「生」の背後には確実に「死」がある。「生」と「死」は断絶して別様の状態として対峙するのではなく、ほとんど連続している。いや時間的に連続するというより、いまここで、この瞬間に連続してある。重なり合ってある、その重なりにおいて連続しているといってよいだろう。われわれは確かに「いずれ死ぬ」と思っている。しかし、よくよく考えてみれば、われわれは常に「いつでも死ぬ」可能性に取り囲まれている。だからこの一瞬の生は、常にその奥底に死をもっているというべきであろう。「生」は「死」によって支えられてある、といってよい。

こういう考え方は、ただ仏教上の教義というだけではない。それは日本人のこころの底に深く根付いてきたし、それは今日にあっても、いまだに日本的精神の古層を形作っている。一種の死生観といってもよいだろう。「生」をいちど「死」の方へ送り返し、そして「死」によって「生」が支えられている、といった死生観である。「武士道というは死ぬことと見つけたり」という佐賀藩士の山本常朝《つねとも》（1659〜1719）の『葉隠』の基調をなしているのもこの死生観であった。『葉隠』は、決して死を賞揚したものではなく、常に死を前提にしつついかに生きるかを説いたものであった。

そして、死を前提にして生きる。つまり、生にすでに死を繰り込んでしまう。こういう風にして、生死ふたつの重ね合わせを可能とするのは、すべての出来事も、衆生も、あらゆる事柄が生じてはまた滅するという仏教の因縁生起理法に支配されているからであった。そうだとすれば、実は、生も死もないのである。どちらかにこだわる必要もない、ということになろう。

生にすでに死を繰り込んでしまい、同時に、生を死に繰り込んでしまう。そしてどちらかにこだわる必要はない、という境地。これは言い換えれば、生きているときには生の状態にあり、死んだときには死の状態にある、というだけのことである。ちょうど薪が燃えて灰になったとする。灰はもう薪には戻らない。しかしこのとき、薪が先で灰が後だとはいわない。薪は薪であり、灰は灰としてあるだけだ。それと同じで、人が死ねば生き返ることはないが、生が死になった、とはいわない。そうではなく、生は生そのものとしてあり、死は死そのものとしてあるだけだ、と曹洞宗の開祖・道元（1200〜1253）はいう。

それは、生と死が別個のものでバラバラにある、といっているのではなく、そのどちらも、無自性・空という根源的な在り方の現出だ、といっているのだ。あるとき生が遮断されて死に移行するのではない。それぞれ、それぞれなりに真如の現れである。だから、この「無」あるいは

「空」という根本の場所にいちど戻れば、生も死も一如（絶対的な同一）ということにもなるだろう。

こういう思想が日本の死生観の根本にあるのではなかろうか。死から生をみる、あるいは、死（無）を背後において生（有）を覚知する。こういう思想がある。それは、無我、無私として私を捨てることによってようやく可能となるであろう。鈴木大拙の「即非の論理」がそこで作用している。大乗仏教は、日本人にこのような死生観をもたらしたのだった。

とはいえ、いったい、自分を捨てるなどということが本当にできるのだろうか。自我を「無」へ送ることなどできるのだろうか。「私を捨てろ、無私になれ」などというが、とても容易なことではない。まして、「死を前提にして生を生かす」といっても、話はそう簡単ではない。私は、もう少し日本仏教に即して日本の死生論をみてみたいと思うのだが、その前に、もっと伝統的な、ということは、とりもなおさず仏教以前から存在した日本の死生観を次章でざっとみておくことにしよう。

第四章　日本人の「魂」の行方

無駄な問いが気になる者

２０１８年の７月に、私は、『死と生』（新潮新書）を出版した。すると、何人かの友人が、どうして「死」とか「生」とかそんな面倒なことを考えるのか、という。「生」の方はともかく、なぜ「死」などということを論じたりするのだ。そんな面倒かつ陰気なことなど考えなくても、この世に楽しいことがいくらでもあるじゃないか、という。「ぐるなび」を検索すればうまいものをいくらでも食えるし、今度の連休はどこへ旅行にいこうか、どの株を買えばもうかるか、スマホだって結構楽しめるし、今度はＩＲもできる。いくらでも面白いことがあるではないか、というわけだ。そしてどうせ死ぬのだから、その時にはただだまって死ねばいいだけじゃないか、という。

こう問いかけられるといささか躊躇する。もっともである。まったくその通りだと思う。イギリスの哲学者フランシス・ベーコン（1561～1626）もいっているそうだ。「人はただ生まれ、そして死ぬだけだ。それだけのことだ」と。

その通りであり、答えに窮してしかたなくこう答える。「どうも僕は変わり者らしくてね、うまい食べ物とか、旅行とか、株とか、あまり関心がないんだよ」と。すると今度は向こうが答えに窮するらしい。「へえ」といって口をつぐむ。いうまでもなく、この「へえ」は感嘆ではなく、「落胆」というか「呆然」というか、ようするに「アンビリーバブル」だ。

確かに、いくらでも楽しいことはあるのだ。毎日やらねばならないこともある。生活に追われていて、生や死など考える余裕もない、という人も一杯いる。人間いずれ死ぬのだからそんなこと考えてもしょうがない、ただ生を楽しむだけだ、という理屈はもっともで、実に健全というほかあるまい。となると、こちらは何か得体の知れない病気なのかもしれない。

この手の病気はある意味でやっかいなもので、自分で勝手に問題を作り、それに自分を縛り付けているからである。しかし、人間が「考える葦」であるとすれば、人は生とか死とか、答えの出ない問いを考えるものなのであろう。そこにこそ人間の人間たるゆえんがある、ともいえよう。

とすれば、面倒なことは何も考えないというのもまた別の病気かもしれず、こういう人は、結構、日常の些細なことに頭を悩ませ、快楽追求の結果が思いもよらない顚末を招いたといっては案外と頭を抱え込んだりしている。こうなると、実際にはどちらの方が本当に病気であるかは判然としない。

あるいは、世間などどこ吹く風、唯我独尊風に自分の趣味や快楽にわき目もふらずに没入するのもまた、主観的には幸せであろう。つまり、快や楽については思案するが生や死については思索しないというのは、それが意図的に選択されたものなら、ある意味では賢明な生き方なのかもしれない。

しかし、この種の幸せにさして関心をもてない者がいることも事実であって、類は友を呼ぶのか、世俗世界に対するこの種の適応障害者が私のまわりには結構いる。学校を楽しくて有意義な場所にしようと皆で話している時に、そもそもどうして学校というものがあるのだ、などという者は、明らかに学校に対して適応障害である。同じように、この世の中に楽しいものはいくらでもあるのに、この世の実相だとか、生の真実の意味だとかが気になる者は、多かれ少なかれ生の適応障害者というほかなかろう。

確かに、生の意味を考えるなどということは、生にとっては無意味なことであろう。だが、この種の適応障害者が、哲学や思想や文学を生み出したことも事実であって、その集積がどれほど（おおげさにいえば）人類の宝となり文化となったかも考えてみてよいであろう。

じっさい、生は意味があるのか、などという無意味な問いが気になる者は存外たくさんいるし、「与えられた場所で咲きなさい」といわれても、その与えられた場所がどんな場所かが気になる者はいるだろう。「どう咲きゃいいのさ、この私」と咲き方が気になる者もいるだろう。そんなことを気にしていては「与えられた場所」で気楽に生きることもままならないとわかっていても、だ。

昔からそういう人は結構いた。世俗世界への適応能力に難があり、生や死の意味が、つまりは人間存在の様相が気にかかって世界とうまく折り合いのつかない者である。西洋ではその多くは哲学者になり、日本では昔はこういう人種は出家したり遁世をはかったりした。平安から鎌倉にかけて、西行（1118〜1190）にせよ、鴨長明（1155？〜1216）にせよ、吉田兼好（1283？〜1352以後）にせよ、日本の代表的な「隠棲者」は、別に俗世間で生活に苦労したわけでもないし、特段の悲惨な出来事に遭遇したわけでもない。西行も北面武士《ほくめんのぶし》というたいへんに名誉ある仕事についていたし、長明も由緒ある下鴨神社に生まれた人であった。兼好も卜部《うらべ》という神官の家の生まれである。若くして叡山に上った仏教者にあっては、少年期に父を殺害された法然（1133〜1212）は少し別にしても、貴族の出身であった親鸞にせよ、やはり久我家という有力貴族の出ともいわれる道元にせよ、また大和の卜部氏の出である源信《げんしん》（942〜1017）にせよ、確かに幼少期に親を亡くしているが、それ以外に格別に悲惨な体験があったとも思われない。

だがこれほど著名人ではなくとも、市井の中にあって世俗世界と折り合いのつかない者はやはりいるわけで、いきおい、この俗世界とは何なのか、その俗世界で欲にまみれて生きる自分は何なのか、などという、それこそ無駄な問いに取りつかれてしまう。そこから、生は、快楽や愉楽や安楽どころか、苦そのものであるという思想も生まれてきた。快楽や愉楽を求めることそのものが苦に変じる。そこで、どうすればこの生という苦から脱出できるか、という問いの前に身をさらされた時、そこに、いわば欲を捨てるための欲望として遁世もでてくる。

隠遁とは、世俗を捨てることである。この現世の日常の生を捨てることである。では究極の隠遁とは何か。現世をまるごと捨てること、すなわち「死」にほかなるまい。究極の隠遁を実現しようとすれば、「死」を求めるほかないだろう。「生」とは常にここにおいて営まれる様々な現実の営為にほかならないのであり、それを捨てるには「死」しかない。

かつて日本で、究極の隠遁者は出家者であり、たいていは仏僧であった。彼らは、「この世の中がおかしい」というよりも、そもそも「人間の存在そのものが苦である」と考えた。人間の生そのものが苦を背負った存在だ、という。問題は社会にあるのではなく、人間存在そのものにある、という。

死は救済なのか

仏教は涅槃（ニルヴァーナ）の境地を目指す。それは、もともと「静寂」である。つまり、この世の様々な出来事や日々の事どもに心が動揺しない、ということである。われわれは、日常生活のほんのわずかな出来事に振り回され、心を乱す。誰それが悪口をいったといっては落ち込み、他人の出世を妬み、ほんの少しの失敗に気を落とす。家族や組織の中での軋轢は不快感を堆積する。もっと大きな悲惨となれば、巨大災害や突発的な事故もある。思いもよらない大病を罹患したり、親や子供の死を経験する。こうした生の「苦」が与える心の動揺から脱する。それが解脱である。

そのために、釈迦は、人に「苦」を与える出来事もその対象もそのすべては「無」である、と説いた。それらは決して固定した実体をもたない、といった。親や子供の死に直面することはたいへんな苦痛である。だが、親や子というものは、この世で、われわれがたまたまそこにおかれている偶然的な関係であって、何ら、固定的な実体ではない、という。

いずれ親も子も、そしてあらゆる人間の関係は変化し、やがては消滅してゆく。本来、「無」であり、確かな実体などない。にもかかわらず、われわれは、親子だとか、様々な人間の関係に囚われ、それを実体化してしまっている。そこに「苦」の原因がある。だから、一切は「無」であることを体得すれば心は静寂になり、すべての「苦」から脱することができよう。これが釈迦の教えであった。

だがそうはいっても誰もそうそう解脱できるものではない。生きていながら、釈迦の境地に達するなどまずありえない。だから大乗仏教では、覚りに達するには気の遠くなるような長い年月が必要だといいだしたのである。現実にあっては、やはり、親しい者の死は厭《いと》わしく、自身の死は恐ろしい。とすれば、結局のところ、やはり、死によって無に帰することが解脱である、ということにもなるのではないか。

もちろん、仏教の場合、ここで輪廻というやっかいな問題がでてくるので話はそう簡単にはいかないのであるが（この点は後述する）、いま輪廻を別にしておけば、一気に「無」へ向かう死こそが救済ということにもなるのではなかろうか。とすれば、涅槃とは死であり無であり、それは究極の隠遁である。決してもう現世へは回帰しない永遠の片道切符でいく隠遁である。

とはいっても、現実には、「それなら死ねばよいではないか」などと簡単にいうわけにもいかない。様々な「苦」を訴えている人生相談で、「では死になさい」などと答えるわけにはいかない。仏教も別に死を勧めているわけではない。もちろん自死を説くわけではない。現実には、死は近親者との別れであり、愛する者との永遠の別離であるというだけでもすでに厭わしいものであり、また恐ろしいものでもある。だから、生も死もともに苦なのである。ではどうすればよいのか。仏教はそこをどう考えたのだろうか。

以下にそのことを私なりに検討してみたい。端的にいえば、どうして仏教は「死こそが救済だ」といわないのだろうか。仏教の死生観というものが気になるのである。

だが、その前に、少し回り道をしたい。日本の「伝統的」死生観を少しみておきたいのである。なぜなら、日本の古来の死生観は、概していえば、「生の意味や死の意味などという面倒なことは考えない」というものだったからである。

生老病死をすべて苦とみる考え方など伝統的な日本の死生観にはなかった。それは仏教によってはじめてもたらされたものである。だとすれば、伝統的な日本の死生観と、大陸からの外来思想である仏教とが出会った時、どういうことが生じたのか。そこから、どのような死生観が生まれたのか。そのことをみておきたい。日本の伝統的な死生観は、特に死や生を強く意識したものではなかった。もちろん教義に類したものなどない。その意味ではそれは「死生論なき死生観」とさえいってもよい。ことさら死生観など考えることもなかったのであろう。だがどうして「考えない」で済んだのだろうか。

死者の霊は山にゆく

民俗学者の柳田国男（1875～1962）は『先祖の話』の中で次のようなことを書いている。西洋人は、東洋人がどうしてそれほど死を恐れないのかを不審に思う。われわれとて死を恐れぬわけではないが、日本人は死を身近に感じるというような信仰を、一人一人というよりも共同のものとしてもっていた。日本人の多数が、死後の世界を近く親しくし、何かその消息に通じているような気持を抱いていた」と彼はいう。

その理由を柳田はいくつかあげている。第一に、死んでもこの国のうちに霊はとどまっており、遠くへはいかない、と考えられた。第二に、この世界である「顕《けん》の世界」と死後の霊が赴く「幽の世界」の間に往来があり、死者の魂はこの世に戻ってくると考えられた。第三に、生者の願望は死後に必ず実現されると考えられた。第四に、時には、死者の霊は、子孫に受け継がれたり、生まれ変わって、その意図が子孫において実現できるとも考えられた。

確かに、ほんの少し前まで、われわれは漠然と、このような霊魂観、死後観をもっていたといってもよかろう。それは、一人一人の確信に満ちた信仰というよりも、伝え来られた集団の信仰であった。突きつめて思考の対象とされたわけではないが、庶民の心情の中に漠然と宿り、生き続けた霊魂観であったが、ここには、日本人の古来の死生観を論じる上で、決定的な観念があると柳田は考えていた。

まず、死とは肉体の消滅であっても、霊魂は肉体を離れて生き続ける。そして、われわれのこの世、つまり「顕の世界」の背後にはあの世、つまり「幽の世界」があり、この両者は往来が可能である。この理解の上にたって、柳田は、人が死ねばその霊魂は、たいていは山にゆき、そこに一定期間とどまった後に、それは祖先という強力な霊体に溶け込み、祖霊となる。ここに日本人の死後観のポイントがあるとみていた。生と死は断絶するのではなく連続している。霊魂によって生死は連続している。そしてこの連続性は、家の連続性、つまり血筋の連続性と結びついているのである。

仏教を排して、その影響を受ける以前の日本人の信仰を取り出そうとした柳田にとっては、こうして死後の霊魂を祖霊とみることによって、人々は、常に死者の魂を近くに感じ、それに親しみと同時に、先祖の霊をひとつの力、つまり現世のわれわれを加護してくれる力とも感じることができたのであった。

ここには、いうまでもなく、柳田が訴えた「家」の継続という社会制度上の観念があり、また「山へ登る霊魂」という一種の山岳信仰の残滓があった。死者の霊は、一度、山に登ることで、そのなまなましい個別性や具体性を離れて、一種の普遍性を獲得した後で、祖霊という形で再び生者にとっての近しさをもつのである。

もっとも柳田の考えをそのまま受け止めることも少し用心はしておかなければならない。それを古くから日本に土着した日本の伝統的霊魂観とみるのは、少し無理があることも知っておかなければならない。少なくとも、日本で家の観念が明確に出現するのは平安末期の武士階級の台頭から鎌倉にかけてであり、もともと家の先祖崇拝が存在したわけではない。家父長的な家原理などというものが氏族制社会や古代社会にあったわけではない。古代にあったのは、むしろ氏族や共同体の観念であって、家や先祖の観念が明確にでてくるのは、武士社会の形成とともにであり、仏教や儒教の伝来のかなり後であろう。「家」を軸にした祖先の霊という観念にせよ、祖先の供養や、またお盆に祖霊が帰ってくるというような観念は、かなり新しいものなのである。そもそも先祖代々の墓に死者を埋葬し、子孫がその墓を守るという考えそのものが武士社会の形成以降なのである。

また、柳田の弟子ともいうべき民俗学者の折口信夫（1887〜1953）は、柳田の祖霊説には強く反発していたことも知っておく必要はあるだろう。日本の「カミ」観念を外部（他界）からの来訪者である「マレビト」にみる折口からすれば、死者の霊は「常世《とこよ》の国」にゆくが、そこから祖霊にはなりえない様々な「霊」が「マレビト」として来訪する、という。つまり、祖霊信仰はかなり新しいものに過ぎない、と折口は述べる。

さて、こうした注釈を挿入した上で述べれば、それでも、死者の霊が山にゆくといった観念はそうとう古くからあったことも事実であろう。人々は古代から山岳信仰をもち、深い山に何かしらの神秘を感じ取り、しばしばそれを畏怖の対象としていたことは間違いなかろう。国土の大半を山や森林に覆われた日本の風土は、特に古代人に対して、山や森に何か神秘的な力を想像させ、彼らがその神秘的な力を「カミ」とみていたことは十分に推測される。彼らが自分たちの背後に何か「目にみえない力」を感じていたことは間違いなかろう。「カミ」はまずは恐るべきもの、畏怖の対象であった。

そしてこの「目にみえない力」と死者が結び付くことも容易に類推できよう。死者の魂が、いつどのようにして、この山や森にある「カミ」という神秘的な力と結びつくのかは明瞭なことはいえないが、それでも死者の霊魂が山へ入ることで浄化されるという観念が形成されたことは十分に想像されよう。今日でも、富士山、立山、白山、大峰山など霊山とされるものはいくらでもあるが、古代人は、「神奈備《かむなび》」というように神の降りたつ山を信仰の対象にしたのである。

もともと日本には、死は汚れであり穢れだとする観念があった。魂も様々なこの世の成就せぬ思いを抱いているであろう。恨みも抱いているであろう。だから、死者は供養されねばならない。手厚く葬らなければならない。葬送の儀式とはまた鎮魂の儀式でもあった。高い山を登るにつれて魂の穢れや悲しみは脱色され清く和やかな「神」になってゆく、という信仰が、魂を「御霊《みたま》」というように「神」と見立てることになる。それがいつごろからか日本人の祖先への敬意と結合して、死後霊が「幽界」、つまり「隠《かく》り世《よ》」にあって御霊になるとみられるようになったのであろう。いずれにせよ、死後、人の霊は神として「隠れた世界」に存続するという観念がでてくる。

確かに、今日、改めて「死後の霊魂はあると思うか」などと聞かれても返答に窮するであろう。祖霊がわれわれを見守っている、といわれてもどう返してよいかわからない。だがしかし、そうはいっても、柳田が書き記したような話は無意味だとばっさりと切り捨てることができるかといえばそうともいいきれない。

私自身は死後霊魂などというものは存在しない、と思っている。より正確にいえば、存在しないと割り切ることにしたといった方がよい。しかしそれでも、死後霊魂や祖霊への信仰がきわめて長期に渡ってこの列島に広く行き渡ってきたという事実は決して無視すべきではないし、それどころか、今日にあっても、近親者の死後の魂の存在を信じている人は多い。しかも、多くの場合、そのことによって本人も随分と精神の安定を確保しているのである。先日もテレビで、まったくの山奥の一軒家に一人で暮らしているおばあさんを紹介していたが、「寂しくはないですか」という問いに対して、即座に「いや、ちっとも寂しくなどないですよ。祖先の魂がみていてくれるからね」といっていた。私自身はとても山奥で一人暮らしはできないが、このような実感をもつ人がいることは理解できなくはない。

とはいえ、現代では、祖霊などという観念が遠くの霧にかすんでみえなくなりつつあるのも事実である。

そのあたりの事情を柳田は『先祖の話』で次のように書いている。現世の生活が複雑で濃密になるにつれて、死者に対する人々の詠嘆や悲しみは、ごく近い者に限られるようになった。死者を遠くを望むかのように思いなすことができなくなった。死者のゆく場所を遠い海のかなたや高い山を介して、どこかに先祖が祖霊として永くとどまっているなどと考えることはできなくなった。かくて単純な霊山の信仰だけが残ってしまった。

こうして、われわれは、死ねば魂はこの国土のもっとも清らかな場所へ入って静かに住むというような観念をもつこともできず、かといって霊性を全くの虚無に帰するというほどの断定も下せず、何とも中途半端な状態に陥っている。そこで、なるべくそのようなことは考えずにおこうという者ばかりが世に広がってしまった、と。

もしも、死後の霊魂など存在しないとすれば、親しい者が死ねばそれは永劫の別れである。しかし、死後の魂が、祖霊となってすぐ近くの幽世にいて、年に何度か、祭りや儀礼によって戻ってくると考えることができれば、生者と死者の関係はもっと安定するであろう。生と死は「存在」と「無」というように完全に断絶するのではなく、一続きになるであろう。

もちろん、死後の霊魂があるかなきかが問題の焦点なのではない。もしそれがないとすれば、死による別れの悲しみはいっそう痛切になるだろう。だが、それがすぐ近くにあってこの世に何度でも帰ってくると考えれば、悲しみは多少は和らぐであろう。死者の霊が、いちどは山に登るのかどうかは別として、先祖の霊として時々われわれのもとへ帰ってくる。また、いつもどこか目にはみえない近隣にあってわれわれをみているというような観念があれば、われわれが、死者を、つまり先祖を供養することがまた、われわれの現世の生の安寧につながったであろう。確かに、ある時期までは、人々は、その種の安心をごく自然に抱くことができたのである。

くり返すが、死後世界があるか否か、霊魂があるか否かが問題なのではない。誰もそんなことはわからない。柳田自身は、その存在を確信していたようであるが、彼が述べるのは、あくまで日本人が古来より受け継いできた信仰であり、死生観についてであった。多くの民族がもつ死を穢れたものとし忌み恐れる観念を土壌としつつも、死者の魂を浄化し、生者にとって親しいものとするそのやり方に、日本人の死生観、そして神の観念があり、日本人の信仰の原点がある、というのである。それは、仏教によって変形されても、依然として盆の習慣や祖霊の迎えや、霊山への信仰などによって無意識のうちに伝承されている、というのが柳田の見解であった。

死生観なき死生観

確かに、そのことが、死をことさら生の断絶とみなし、一瞬にすべてを無化する無慈悲な生の裁断であるかのようにはみない、日本人の死生観を底流で支えているということはできるかもしれない。死をむしろ親しいものとして受けとめ、それを至極当然の事実として経験する、という態度を生み出していたのかもしれない。そうはいっても近親者の死という悲痛をただただ当然のものとして受け入れろといってもそれほど容易なことではあるまい。いくら死後霊魂は祖霊になるといっても自己の死を恐れぬものはいない。

だがたとえば、（順序からすれば柳田よりも前だが）江戸時代の国学者である本居宣長《もとおりのりなが》（1730～1801）はいう。死はもちろん好ましからざる禍害に違いない。それは穢れであり僻事である。だがそれもまた神（禍津日神《まがつひのかみ》）の仕業であって、人にはどうしようもないことである。禍津日神は、黄泉の国の穢れから成ったものであれば、人はこの禍悪をただただ受け入れて黄泉の国へゆくほかない。いや、ただ死だけではなく、善きことも悪しきことも、人のこの世の出来事である「顕事」は、宣長にとっては、すべて神の御霊のなせる「幽事」の作用であった。

こうなると、生も死も同じことになる。すべてわれわれにはみえない、そしてへたな理屈で慮ることなど決してできない「幽事」の現れなのである。人はただそれに随順するほかない。死は人の立場からすればたいそう悲しいことである。人知などというこざかしい理屈によって神意を知ることなどできない。だから悲しいことはただただ悲しめばよい。人の死にあえばただただ悲しんで泣けばよい。それが自然なことである。そこに真心がある。

ところが儒学にせよ仏教にせよ、こざかしい理屈をつけてあたかも悲しきことではないかのようにいう。そうではない。死はただただ黄泉の国にゆくことで、それは人にとっては悲しいことなのである。この悲しみも含めてそこに神道の安心がある、というのが宣長の考えであった。これが上代《じょうだい》の人のやり方であって、それ以上、われわれは何を詮索し理屈を追い求める必要があろうか。それは神のはからいであり、古の道であり、われわれにはその意味を知るすべはない。神の道に従えばよい。何をあれこれ考える必要があろうか。

人にとって近親者の死が悲しいのは当然のことであろう。だが、それもわれわれの測り知ることのできない神のはからいだと思えば、多少は悲痛も和らぐであろう。宣長はそういっているように思える。そして、もはや死や死後について詮索しても仕方ない。

こうなると、死生観をあえてもとうともしない、そして生や死の意味づけをあえて求めない現代の日本人の平均的心象は、案外と宣長に近いのかもしれない。もちろん、「神ながらの道」や「古の道」などといってもわれわれは簡単には納得できないであろう。『古事記』に従って、われわれは死後、黄泉の国にゆくなどといってももはや誰も信じない。

しかし、宣長に即せば、そもそもそれが本当かどうかなど問うても仕方ない、といっているのである。とすれば、わからないことは神の御しわざであってただ成り行きに任せればよい。生じることをすべて受けとめるほかない、といっているのだ。

私なりにいえば、死や死後について考えてもいずれわかりはしない。しかし、死はやはり忌むべきものであり、恐怖でもある。とすれば、そこにはかり知れない「神ながらの道」が作用しているとみておけばいいではないか、ということだ。「黄泉の国へゆく」という古人の信仰をそのまま受け止めておけばいいではないか、ということである。

死生観なき死生観といってもよいだろう。ただ成り行きに任せる、といってもよい。しかも現代人も、生も死も成り行きに任せる、というのである。この奇妙な「自然に任せる」という現代人の感覚は、どこか宣長の「さかしらを排する」という姿勢と案外と近いものがあるのではなかろうか。

とはいえ、決定的な違いがあることも無視してはならない。宣長がともかくも「さかしら」を嫌ったのは、あくまで「神の道」や「神のはからい」が前提になっていたからである。「神のはからい」の前では人知などたかが知れているからであった。だから、いくら成り行きに任せ、自然に任せるといっても、現代人の「神なき神の道」に従うなどという理屈は、宣長にあってはやはり成り立たないのである。「神のはからい」は厳然とあるのだ。

魂は「ここに」いる

それに比べれば、国学者の平田篤胤《あつたね》（1776〜1843）の死生観はもっと明瞭なものであった。

死や死後についてはわれわれの人知の及ぶところではない、といいつつも彼は断言する。人は死ねば神霊となり、われわれが生きているこの顕世と同じ場所にある「幽冥界《ゆうめいかい》」へゆく、という。これは本居宣長とは少し違っている。宣長にあっては、死者は死者としてそのまま黄泉の国へゆくという。もっとも『古事記』に従えば、これを死者と解することができるかどうかも少々不明であるが、ともかくも、死ねば黄泉の国へゆく。それは穢れの国であり、どこかかなたにある異界であった。少なくとも、宣長には、死後の魂が身近な場所に留まるという観念はなかった。

だが、篤胤は、死ねば肉体と魂が分離し、魂は神霊となって幽冥界へゆく。幽冥界は、この世と隣合わせである。われわれからは幽冥界はみえない。だが、幽冥界からわれわれの「顕世」はすべてみえる。あたかもマジックミラーの中にわれわれはいるようなものである。死後に神霊となるわれわれは、決して奥深い山に登るのでもなく、はるかかなたの海の向こうへ消えるのでもなく、またまったくの異界である黄泉の国へゆくのでもなく、姿形はみえないが霊としてわれわれのすぐ隣にともにいるのである。それは「ここに」にいる。われわれとともにいる。

もともと篤胤は、神の本質は御霊にあって、しかも、人の生とは、天津神《あまつかみ》（高天原《たかまがはら》にいる神々）の産霊《むすひ》の働きによると考えていた。産霊とは、すべてのものを生じさせる霊的なはたらきである。とすれば、神の御霊が人の肉体を借りるこの世の姿は一時的なものであり、いずれ死によって霊は肉体を離れて神のもとへ戻るというような考えは決して不思議なものではなかろう。

ここでも、「死によって魂は神霊になる」といわれて、われわれはそのまま納得するかといえばそうはいえないだろう。しかし、では、これをひとつの死後の「物語」としてきっぱりと拒否できるかというとそうでもあるまい。篤胤の死生論が興味深いのは、死者の魂が、われわれのすぐ近くに留まっており、われわれをみている、という考えにあった。つまり、この世を、ただわれわれ生者だけのものではなく、死者との共存の場としたのである。この世界は、目にみえる「顕の世界」と目にみえない「幽の世界」からなるものとした。われわれが生きている「顕の世界」には、死者たちの「幽の世界」が背後世界として張り付いているのである。この世界は二重性をもっている。篤胤は、あくまでその「幽の世界」をまた神の御霊の世界とみなした。御霊を想定することで、篤胤もまたいわば生死連続説というべき立場をとる。死は、肉体からの魂の分離であり、ある意味では魂は純化され、本来の神的なものとして永遠にとどまるのである。

「自然」からでて「自然」に戻る

今、柳田国男、本居宣長、平田篤胤の三人の死生観をざっとみてみた。もちろん、彼らだけが日本人の死生観を代表するものではない。それどころか、たとえば哲学者の湯浅泰雄（1925〜2005）の『古代人の精神世界』（ミネルヴァ書房）に従えば、本居にせよ、柳田にせよ、外来思想に対抗するという近世以来の時代状況の産物であって、日本古代社会の精神生活を示すものではないという。古代の日本の神観念（古神道）は「記紀《きき》」（古事記と日本書紀）をよりどころとした後の天皇中心の神道の神理解とは全く違うものであり、農耕社会的な恵みの神のようなものとも全く違っている、という。日本古来の神はとりわけ、人間にとっては恐るべき恐怖と畏怖の対象として「荒ぶる神」であった。それを前提として、たとえば山岳信仰もあり、山岳修行者の独特の信仰形式も生み出された。この深い山岳の自然の神秘に分け入りつつ神的なものに触れるという古代以来の修行と、仏教という普遍宗教の導入が結合して密教を生み出すところに日本の古代的精神世界の基軸が生み出された、というのが湯浅の理解である。

なるほどとも思う。改めてこういう理解に立ち帰ってみれば、日本の死生観や自然観についてもさらに論じてみたいことはでてくる。日本の死生観や自然観は太古から一直線に伸びるかのように時代を通底しているわけでもないし、それほど単純でもない。しかし、いまここでそこまで射程を広げる余裕もないし、またその必要もない。ただこの三人の死生観は、仮に湯浅のいうように、近世以降の日本のいわばナショナルな自覚に促された思想だとしても、やはり、ここにはいくつかの顕著な特徴があり、それは日本人の死生観の水脈をかたち作っている。

あえて単純化すれば、まず第一に、「神」が何を意味するかは別として、日本の死生観は「神」と無関係ではない、ということだ。死ねば魂が肉体から抜け出して霊魂になる。これは「神的なもの」であり、永遠のものであり、超常的なものであるが、しかし、それは、われわれの生きる現実世界と隔絶した超越的なものではないし、どこかに超越的世界があるわけではない。その点で、日本の魂観念は、キリスト教の西洋的観念とは異なっている。

それは、何らかの形で、われわれのこの世界の背後に、あるいは、祖先としてすぐ近くに存在する。だから、魂(霊魂)の側からすれば、もともとそれは「神的」な何かであった。それは、ある一時、人として肉体をもち、やがてその肉体が朽ち果て、再び「神的」なものへと帰還するとみることもできよう。魂からすれば、生死にさして違いはないのだ。また、死後霊魂は、いずれ生者のすぐ近くにいたり、祖霊として帰還したり、あるいは招魂によってこの世へ回帰したりするのである。ここには生死連続説がある。

さらに、また後に述べるが、この「神的なもの」をどのように理解するかは日本人の精神生活を理解する上でひとつのポイントになるであろう。古代社会では「神的なもの」はほとんど「自然」と一体に理解された。自然のうちに、とてつもない畏怖すべき何ものか、計り知れないエネルギーや畏怖すべき何ものかを感じ取った。「カミ」とは、一方では、この自然のうちにある計り知れない神秘性のもたらす怪異で精霊的な神秘的力を指す恐るべき存在であった。先の湯浅のいう「荒ぶる神」である。

と同時に、いずれ自然は人間に恵みを与え、人間の生を可能とする条件でもあった。山林があり大地があり海がある。雨が降り、木々を実らせ、動物や様々な生物を生かし、さらに農耕の恵みを与える。これはすべて自然の恵みであり作用である。「自然」の隠された力は「荒ぶる神」であると同時に「恵みの神」でもあろう。

いずれにせよ、この両側面において、人間は、自己の生死を「自然」に委ねているのである。その意味では、人間の存在は、自然万物と一体である。「自然」の中にある「カミ」のもつ力、あるいは作用があらゆるものに命を与えている。いわば自然のうちに「生命的エネルギー」のようなものがあって、それが万物を生かしている、という理解である。

ここからは、人だけが何か特殊な存在なのではない、生も死もあらゆる生物や植物と同様に、自然のなかで一体となっている、という思考もでてくるであろう。死生観でいえば、生も死も「自然」の現象であり、あらゆるものが「自然」からでて「自然」に戻る。「自然」に戻ることで、万物が万物のなかに溶け込み、万物として一体となる、というような死生観である。これは、万物一体の自然観といってよかろう。

「荒ぶる神」であり「恵みの神」である

かつて文化人類学者の石田英一郎（1903〜1968）は、世界の宗教的な心性の二つの類型を取り出した。ひとつは、父権的・遊牧的・天神的信仰であり、もうひとつは、母権的・農耕的・大地母神的信仰である。中国の天の思想やユダヤ教など、ユーラシア大陸の遊牧民が一神教的な、摂理の力を暗示する天の崇拝へ向かうのに対して、農耕社会では生成豊穣の源泉としての大地信仰へ向かう、という。

そして哲学者の磯部忠正（1909〜1995）は『「無常」の構造』（講談社現代新書）のなかで、石田英一郎のこの知見を援用しつつ、次のように述べていた。日本のような定住農耕を軸にする社会では、天の崇拝へ傾く一神教的な父権的・遊牧的・天神的信仰ではなく、母権的・農耕的・大地母神的信仰へと向かう。それが生み出す生命観は、食物の生命になぞらえた永遠の循環としての生命である。すなわち、種子、発芽、生育、凋落、種子……という循環である。ここでは、個体としての命は消滅しても、生命は永遠に生き続ける。個体は死滅しても、生命は子孫へと受け継がれる。大地は、このような生命循環を可能とするのであろう。

もちろん、西洋の宗教が父権的な一神教であり、日本のそれが母系的な多神教である、とはしばしばいわれることだが、このようないくぶん類型化された対比は慎むとしても、確かに、磯部が述べるような、植物的・農耕的な生命観が日本人の死生観と深くかかわっていることは間違いなかろう。そこで磯部は次のように書いている。「日本人には、自然から生まれ、自然に生き、自然のなかに死んで帰るという生き方で十分ではないか、というひらきなおった覚悟があるように思われる」と。だから、「日本人にとっては、生きるとは自然とともに生きることである。山や河、草や花、鳥や獣、それらはみな人間の仲間である」と考える。

日本の古代人のもっていた自然観も決して画一的で単純なものではなかっただろう。ここで磯部が述べるほど牧歌的なものではなかったろう。磯部説が近年の実証的な民俗学などで支持されるか否かは私にはよくわからない。だがそれでも、この種の観念が、今日に至るまで、われわれの心象の底流にあることは疑いえないと思う。

確かに、自然へのほとんど無条件の信頼よりも、不気味で何が生息しているかわからない山や森林を支配しているのは「荒ぶる神」だとする、自然への恐怖や畏怖も同時にあったであろう。だがまた、自然は農耕を可能として人々の生を可能とする「恵みの神」でもあった。「山」のふもとには「里」が広がり、そのまったく異なる両者を含んで、自然はまた「神」であり、そこにある目にはみえない力＝エネルギーが働き、人間の生を可能としていた、ということである。「はかり知れない力」が人の生を可能としたのである。それを「生命力」と呼んでもよいかもしれない。一人一人の人間の生は、この「生命力」の分有であり、この根源的な生命から力を得たものである。それは個体の生命としてはいずれ枯れ、衰え、死滅する。しかし、それは人の肉体を離れて、再び根源的な生命力へと還り、また、別の個体的な生命を芽吹かせるだろう。

もちろん、古代の日本人がこうした自然観や死生観を自覚的にもっていたわけではない。くりかえすが、日本古代の自然観にせよ、死生観にせよ、神の観念（宗教観）にせよ、それほど一義的で単純なものではなかった。折口がいうように、神や魂の観念は多様なのである。だが、ここで述べておきたいことは、古人にとっては、「自然」と「生死」と「神（カミ）」は相互に深く関わり、それらをつらぬく何か、われわれ人間の力を超えた作用を彼らは感じていたということである。この力＝作用は、人間の現実の生である「顕」の世界ではなく、目にはみえない「幽」や「冥」の世界にあって、それがこの「顕」の現実を動かしている、という感覚であった。それを磯部は『日本人の信仰心』（講談社現代新書）において「根源的な生命のリズム」と呼んでいる。

もしも、磯部のいうような「根源的な生命のリズム」が、山や森林や河や草木、すなわち自然そのものの根源的な力の源泉であり、また人間の生死をも決める力であるとすれば、この「根源的な生命のリズム」の前では、人間はまったく無力で受動的な存在ということになるだろう。人々は、そうと意識はしていないにせよ、自己の存在や命を、何か大きな力によって与えられたものとして捉えたであろう。自己をあくまで与えられたものとしての強い受動性においてとらえるであろう。人は自分で生きているというよりも、何か大きな力によって生かされている、という感覚をもったであろう。

ある意味では、あらゆる宗教が人間に対してこのような受動性の意識を植え付ける。宗教（レリジョン）とは、もともと「強く縛る（レリガーレ）」ことであり、それは人間を超えたものに人間が自ら縛りつけられることである。ユダヤ教、キリスト教、イスラム教というセム的一神教にあっては、人間は創造主としての絶対神によって「作られた存在」であった。人は「被造物」であり、神によって「作り出された」。だが、日本の古い信仰ではそうではない。「創造された」のではなく「生み出される」のである。『古事記』において、神が次々と神を「生む＝産む」ように、「生まれてくる」。日本では、人間は「被造物」ではなく「被産物」なのである。

万象を貫く「根源的な生命」

一方で、これは、「自然」の神的な力を暗示するが、他方では、自分を生んだものとしての「親」から遡及して「先祖」へと至るであろう。そこには確かに神秘的な力が働いている。自らの実存を、時間的に遡って、みもしない先祖へと一体化するというのは、そこに神秘的な力を認めなければ無理であろう。創造主としての神が人間を作ったのではないとすれば、それを生み出した根源には祖先がある、というのは、この神秘を前提にしてしまえば、しごく当然の思考となろう。

だが、それはあくまで「根源的な力」であって「超越的な力」ではない。日本人が、目にみえる「顕」の世界の背後に、目にはみえない「幽」の世界を想定するのは、そこに「根源」をみようとしたからであって「超越」をみようとしたのではないからであった。そこに作用するのは、あくまで「根源的な生命」なのである。

だから、磯部が述べるように、今日でも、日本人の宗教意識には、キリスト教のような人格的な唯一絶対神はなく、日常身近なあらゆる事象や自然現象のなかに神秘の生命《いのち》を感じ取る傾向が強い。「根源的な生命」は、万象を貫いているのであり、その意味は、万物万象は一体なのである。人間だけが独自の存在として屹立しているわけではない。とすれば、この万物を貫く「根源的な生命のリズム」と十分に感応し、このリズムに自己の生命を預けるような生き方こそが本当の人間の生、ということにもなろう。無意識の「幽」の世界における「根源的な生命」との感応をうまく「顕」の世界に生かすことこそが望ましいのであろう。

この「根源的な生命」を霊魂といってみたり、場合によれば祖霊といってみたりしたと考えれば、日本人の死生観の根底には、「幽」の次元における「根源的な生命」がある、といってもよかろう。

神道は、神とは「生命」だとみる。「神」はいのち（生命）を吹き込み、いのちを与える。死者の霊魂を鎮めたり、また死者に「たましい」を吹き込む「魂《たま》ふり」の儀式なども、神的な力によって「根源的な生命」を呼び込もうとするのであろう。古代人は、その「根源的な生命」を、そそり立つ山岳にみ、時には「荒ぶる神」の得体のしれないエネルギーにそれを仮託し、またある時には、豊穣の恵みをもたらす大地の中にそのエネルギーを見出し、またいっそう根底的には、人間の生と死そのものにそれをみ、さらには祖先や、また、この宇宙全体にそれをみようとしたのであろう。

この「根源的な生命」に従って生きる限りで、生も死もしごく当然のことであった。受け入れるほかないことである。死は、すべてのものの消滅でもなければ、「無」へ帰することでもない。魂はいずれこの近くにいる。「顕」の世界のすぐ背後に「幽」あるいは「冥」の世界がある。われわれにはわからないが張り付いているのである。だから「顕」の世界と「幽」の世界は往来が可能なのである。そして、一人の人間の死は、肉体から抜け出した魂がまた生命として受け継がれてゆくことなのである。もちろん、このようなことが明瞭に意識されていたわけでもないし、宗教化されていたわけでもないが、古代日本人の死生観において、確実にその底流に流れていたものであった。

日本の伝統的な死生観は文書や資料で明確に述べられているわけでもなく、それをしかと確定することは不可能であろうが、この死生観の背景を少し分け入って解釈してみれば、このような思考が浮かび上がってくるのではないだろうか。そして、それは、現代のわれわれの漠然とした死生観の母胎にもなっているのではなかろうか。「生死連続観」や「万物一体の自然観」は、日本人の精神性の深部を形作ってきたものであった。ひとまずこういってよかろう。

第五章　仏教の死生観とは何か

仏教は死を歓迎するのか

　ここで私が関心をもつのは仏教である。というのも、日本人の死生観は基本的に仏教によって形成されたとしばしばいわれるからである。だが、仏教の死生観とはどのようなものであろうか。

　確かに、仏教の伝来以前より日本には独特の死生観があった。それは前章でも述べたように、霊魂観念、自然観、神（カミ）観念などとつながりをもった古代人の宗教的心象というものであった。「自然」「魂」「カミ」は深いつながりをもっていた。それは必ずしも明確に表現されたものではないし、それゆえにひとつのまとまりをもったものとはいえない。いずれその原型は日本が大和政権によって統一される以前のものであろうから、地域や地方によって信仰のありようは異なっていたし、時代によっても異なっているのは当然である。

　だから、「日本の伝統的な死生観」とはいってみたものの、何かまとまったものがあるわけではない。そもそも資料上も歴史事実の上でも確かなことはわからないのが実情であろう。だから、一方で、日本の伝統的死生観は、神話や和歌や物語の解釈に依拠するとともに、他方では、民俗学が様々な習俗や習慣に残された痕跡のなかにその多様性を収集するほかなかったのだろう。たとえば折口信夫は、『古事記』等の文献研究と民俗学的調査の両者が必要だとみていた。

それらに記されている日本人の死生観のあり様はいきおい多様にならざるをえないのだが、それでも、死後の霊魂が山や海や大地などの自然へ溶け込み神（カミ）となるというような観念はかなり広範にわたって漠然ともたれていた。さらには、その神が先祖であろうと何であろうと、現世に生きている生者から切断され、まったくの別次元に移行してしまうわけではない、という観念もかなり一般的であったようで、こうした装置を通して、生者は死者と繋がりをもっていた。両者をきれいに切断してそれで済ませてしまうことはできなかったのであろう。その両者をつなぐものとして「魂」というような心的装置を必要とした、ということであろう。

その点からすれば、仏教の伝来は、日本人の死生観にとっては大きな影響を与えたはずである。なぜなら、仏教は、永遠の霊魂があってそれが神になるなどという観念はいっさい持ち合わせていなかったからである。ではいったい、仏教の伝来によって、日本人の死生観はどうなったのであろうか。そのことが私には気になっていた。

しかもそのような思想史的な事情は別としても、いずれにせよ、人間の生と死という現実に正面から取り組んだ宗教として仏教をあげないわけにはいかない。仏教が日本へ渡った時、何が起こったのか、である。紀元前の5世紀ごろにインドに起こり、中国をへて6世紀に日本へもたらされた仏教は、やがて平安・鎌倉時代を迎えるころには十分に「日本化」したからである。

よく神仏習合などといわれる。それはただ仏教の教義と神道の神観念が本地垂迹説《ほんじすいじゃくせつ》（神は仏が自己救済のために姿を変えて現れたとする説）のような形で融合したというだけではなく、土台にある日本的死生観や自然観の影響を受けつつ、外来思想であった仏教は「日本仏教」へと変貌（あるいは成長）した、とみなければならない。前述の湯浅泰雄は、古代日本人がもっていた山岳信仰や独特のカミ観念が仏教によって密教（真言・天台密教）のなかに持ち込まれ、そこに後の日本仏教の展開のすべての根源があるという。

また鈴木大拙は、超越的、絶対的なものへ触れようとする「霊性」の日本的形態は日本の大地性と不可分であり、それが鎌倉仏教を生み出したと述べている。貴族のものであった平安仏教には大地性はなかったのである。そしてまた霊性は同時期の伊勢神道においても開花する、という。こういう歴史的経緯も踏まえれば、「日本の死生観」と日本仏教は、当然のことではあるものの、決っして切り離すことはできない。

ところが、である。日本仏教のもつ死生観を論じることは実はかなりやっかいなのだ。いや、日本仏教に限ったことではない。釈迦に立ち戻ったとしても、生と死を一大テーマにしているはずの仏教そのものの死生観を理解するのは決して容易なことではない。しかも、その「やっかいさ」にこそ、仏教の死生論の個有の意味があるように思われる。では、生と死について論じたはずの仏教の死生観とは何だったのだろうか。

私は、仏教研究者でもなければ、もちろん修行の「シュ」の経験もない。座禅の体験ぐらい積んでおけばよかったと今になってしみじみ思うが、それさえもほとんどない。まったくの素人がどうして仏教に関心をもたざるを得なくなったのかといえば、ひとつは、日本人の精神性や日本文化のなかに静かに流れる「無常」の観念や「無」の観念に惹かれるところが多かったからであり、さらには、現世を苦とみて、それからの解脱をはかるという仏教型の心の働きに何か感じるところがあったからである。

仏教は強い厭世観をもち、現世否定的傾向を特徴とする、としばしばいわれる。だが、本当にそうなのだろうか。こういう疑問が昔からあった。私自身も特に厭世的というわけではない。ただ同時に、人間の存在性そのものに、何か容易にそのまま受け止めることのできないようなもの、強いていえば、存在すること、生きてゆくことそのものに不可避的に伴う不条理のようなものがある、という感覚はずっとあった。その不条理を知りつつ生きることはまたどこかで罪の意識を引きおこすであろうようにも思えた。

人間が生きてゆく上では、理屈だけでは割り切れないことはいくらでもある。時には倫理に反することも、またわかっていても正義に反する態度も取らざるをえず、人を裏切り、恥ずべきこともするであろう。思い返せば、悔恨と反省はいくらでもあり、しかし、その多くがやむを得ない選択だったと思えば、そこに、ある漠然とした罪の意識のようなものがついてまわる。

これは決して厭世観というものではない。世を厭い、はかなむという種類ではない。もっと人間存在の根本へ向かうものである。そして仏教の覚りとは、何かその種の根本の意識と深くつながっているのだろう。少なくとも私にとっては、現世の苦からの解脱を希求することは必ずしも厭世観のなせるところではなかった。罪といっても特に個人的なものではなく、人がここに生きて存在するということそのものに関わるような何かなのである。だから、解脱とは、ただ個人的な苦悩からの脱出というようなものではなく、いっそう大きな、いってみれば、通常のわれわれの了解ではつかみきれない哲学的な境地のようなものを意味しているように思われた。

だがそうだとすれば、この場合の解脱とはいったい何なのか。これはかなりやっかいな問題を引き起こす。人間の生そのものに、何かある苦なり罪なりの原因があるとすれば、それからの解脱とは何なのだろうか。この世の苦を拒否することが究極の解脱であれば、死こそが本当の解脱ということになるのではないのか。もしも人間の存在性そのものにどうしようもなく伴う罪の感覚があるとすれば、死こそが解放となるのではないのか。いや、死しか解決はありえないのではないか。とすれば、仏教は死をただ受け入れるというだけではなく、むしろそれを荘厳して全面的に歓迎するのであろうか。

もしそうだとすればこれはとてつもない死生観である。厭世観などというものではない。これ以外にはありえない究極の幸福観である。恐るべき逆説を含んだ幸福論である。一切の苦をなくすことによる幸福なのである。なぜなら究極の幸福においては、その幸福の主体であるその人はもう存在しないからである。だから、すべての苦が消え去るのは当たり前であろう。人は、存在しないことが最高の幸福だというのである。

かつてそんな死生観をもった民族も、それを真正面から説いた大規模な宗教もなかった。だが、仏教は本当にそういうことを説くのであろうか。そうかといって釈迦が自殺を推奨したなどという話はまったく聞かないし、現にそんなことはありえないだろう（もっとも、釈迦は、あまりに苦痛にもだえる弟子をみて死を勧めた、と聞いたことはある）。

昔からこういうことが気になっていた。もし仏教にこのような死生観への傾きがあるとすれば、それは伝統的な日本社会の死生観とは全く異なるものであっただろう。たとえ漠然としたものであっても、日本の伝統的な死生観からすれば、とても受け入れがたい考え方であろう。そこで、本章では、あくまで私の問題と関心に即して仏教の基本的な論理を論じてみたい。

確かな実体など存在しない

もう一度、死生観という観点から私の問題を提示しておこう。

そもそもの仏教の出発において生や死はどのように捉えられていたのか。仏教では生老病死の苦からの解放こそが求められた。なに不自由ない贅沢三昧の生活を送っていたシャカ族の国王の王子であった釈迦は、ある時、城の外にでて、まず病人をみ、次に老人をみ、次に死人をみて、生の空しさを感じ入り、29歳の時に出家して遍歴修行者となった。当時、覚りをひらくには出家して苦行に励むのが通常のコースだったからである。だが6年に及ぶ激しい修行にもかかわらず覚りを得られなかった釈迦は、ブッダガヤーにある菩提樹の下でひたすら瞑想にふけり覚りに達したといわれている。

つまり釈迦は、生の苦からの解脱の道を求めて出家、修行に励んだのだが、もしそうだとすれば、繰り返すが、生老病から抜け出す「死」は最高の解脱ではなかったのだろうか。

だが、話はそれほど簡単ではない。

解脱に関する釈迦の考えはおおよそ次のようなものであった。この世の生はすべて苦である、というのが解脱を求める基本的な動機である。この場合の「苦（ドゥッカ）」とは、端的にいえば「自分の思いのままにならない」ということである。確かに、現実世界（世間＝ロッカ）に生きるとは、ほとんど思い通りにならない事態の連続体のなかにあるようなものであろう。漱石がいうように、「智に働けば角が立つ。情に棹させば流される。意地を通せば窮屈だ。とかくに人の世は住みにくい」（『草枕』）である。もっとよい暮らしをしたいと願っても思うように稼げない。もっと出世して名誉をえたいと思ってもそうはならない。親しい者との突然の別れがくる。わが子は思うように育ってくれない等々。

だが、なぜ思いのままにならないことが「苦」であるのだろうか。それは、そこに「自我」があり、「自我」の思いを実現したいという強い執着があるからである。何かがほしい、何かを手に入れたいという対象への執着がある。だがその根底には必ず自分自身への執着がある。そして、その時、自己も欲望の対象も何か確かな実体だとみている。富や金銭を、名誉や栄達を、子供の幸福を、何か確かな実体だとみなすから、そこに強烈な執着がでてくる。

いうまでもなく、仏教は、あらゆる欲望の対象は確かな実体をもたない、という。大乗仏教では、それを追い求める自我さえも実体ではない、と教える。この世には確かな実体など存在しないどころか、そもそもこの世などというものさえ実体としてあるわけではない。ただ、われわれがそう名指し、言葉を与えることによって現実を仮構しているだけのことである。

こうした徹底的な実体概念の否定は仏教思想の核であるが、別に理解しがたいことではない。確かに、富も名誉も権力も地位もすべて一時的なもので、こちらが年をとれば、若いころに固執したものはもはや関心の対象ともならない。欲望の姿も対象もこちらの状態とともに変わる。だから、執着の対象など、決して確かな実体をもたず、たえず姿を変え、たえず変化し続けている、というのは少し考えてみれば当然のことであろう。

同じように、何か欲望の対象に向かって突き進んでいる時、その突き進む「私」は存在すると思っているが、それも考えてみればあやしいものである。自我といえども、その姿も、身体状況も、精神も気持ちも常に変わり、ゆらいでゆく。確かな「私」など、考えてみればどこにもないではないか。

大きな因果に組み込まれているだけ

こういう考え方はわからないではない。実に当たり前といえよう。

だが、この当たり前のことを常に想起するのはなかなか難しい。カネや力や地位をえて人が羨むような生活をしたい、というのは、ほとんど「生」そのものといってよいだろう。だから生とはほとんど欲望そのものである。だがまさにそのことが無限の苦を生み出す元凶なのである。人並の生活ができていないと思った途端に、われわれは他人を妬み、世の仕組みを恨み、生は苦そのものへと変貌する。本当は、この種の欲望や世間そのものも決して確かな実在ではないにもかかわらず、そこに自我があるとみてしまい、どこまでも自我が中心になって世界をみようとする。あらゆる対象は自我のためにある、と考えてしまう。だから、このありもしない自我への執着を断ち切らねば、無限の苦の地獄に落ち込んでゆく。「生に対する熱望に支配され、人生の流れに押し流される人は悪魔の手中に落ちる」と釈迦はいう（『スッタニパータ』）。

この苦から脱し、悪魔の手から逃れる道は、自我も含めてすべてが「無常」と知ることであった。もしも、人間の生が、欲望の充足やその追求の絶え間ない連続だとすれば、そうした生の一切は「苦」である、と知らなければ苦を滅することはできない。こうしていわゆる四法印、「諸行無常、一切皆苦、諸法無我、涅槃寂静」という真理がでてくる。

だがそれにもかかわらず、われわれは、実体でないものを追いかけ、欲望を募らせ、煩悩の火を日夜焚き続けているではないか。それが現実である。仮に、欲望は実体をもたず、世間は無常だといったとしても、現に、この世界で生きるには、そもそも欲望がなければ生も成り立たないであろう。人間が動物から区別されるのは、「よりうまいものを食いたい」「より心地よい生活をしたい」「他人から尊敬され、栄誉をえたい」などと「欲望」を膨らませるからではないか。

これは、容易ならざる問いである。前に私は、人間の存在そのものに、何かある根本的な不条理、矛盾、あるいは「罪」といいたくなるようなあるものが付随しているのではないか、と述べた。いや、それは付随というようなものではなく、人間の存在そのものを可能としている根っこみたいなものである。それは、人間は、動物とは異なって、眼前にはない「欲望」の対象を想像し、また創造することができる、ということである。

より正確にいえば、人は、ただあるがままの現実世界に満足できない。人はただ「いま・ここに・ある」ものだけでは満足できず、「いま・ここに・ない」ものを想像しうる能力、つまり言語を始めとするシンボル操作能力をもってしまっている。「欲望」とは、この「いま・ここに・ない」ものを構想するシンボル操作能力そのものではないのか。それはまた、言い換えれば、人間が言葉によって、何かを表象し、それを自らの前にたてて了解できるということでもあろう。

言語によって人間は世界を分節化し、ただ目にみえるものではなく、目にみえないものさえ表象し、それを観念的に存在させる能力をもっているのである。それこそが、人間がサルやチンパンジーなどとは異なり、高度な文明を生み出した根本的な理由であった。だから、われわれは、ただ目の前にあるものをそのままで受け取るだけではなく、「いま・ここに・ない」ものまで含めて自らが生きるこの現実世界を構成しているのである。そして、目にはみえないもの、自分の手元にはないものを欲望する。欲望は支配をもたらすだろうし、争いの源泉にもなろう。だから、人間を動物から区別して人間たらしめているその同じ働きが、人間を罪深い存在へと貶めるのである。

だがそうだとしても、そのわれわれの欲望や執着は具体的にはどこからでてきているのか。こういう疑問もでてくるであろう。それに対して釈迦が差し出した（もしくは、激しい苦行と、その後の長い瞑想によって釈迦が体得した）答えは次のようなものであった。

われわれが、己の意思や力や判断で何かを成しているとしても、実は、それはすべからく、われわれのまったくあずかり知らない縁起によって生起しているのだ、というものである。私がいて、世界のなかにあってある位置を占め、様々な欲望をもつのは、私にはまったくあずかり知らない縁起によって生じている、というのである。そもそも「私」というものが本来はないのだから、「私」が欲望するなどというわけにもいかない。「欲望する私」さえ、何か別の働きによってもたらされている。

いわゆる縁起説であるが、私は、それをなかなか面白いと思った。縁起説というと、何やら、われわれの目にみえないところで神秘的な力が働いており、すべての運命は実は決まっているかのように思われる。現状をいかようにも説明できてしまう安直で便利な万能の方便のように聞こえる。そして、あらゆることを説明できるということは何をも説明していないことである。

もちろんそうではない。いや、仮にそのように通俗的に理解されるとしても、そのような通俗的理解を必要とするような何かがここにはあるのではなかろうか。

確かにわれわれは言語によって様々なものを名指し、出来事を了解し、それに様々な意味を与え、こうして世界を実体的なもの（もしくは実体の集まり）として眺めている。ある行動を善や悪に区別し、役に立つか立たないかを区別し、こうしてこの世界を価値づけて秩序化している。生は望ましく死は忌むべきものだというのも、この世界の秩序化のやり方である。世界はこうして「分別知」によって了解され、それをわれわれは当然だとみなしている。

だが、それは虚妄だ、と釈迦はいった。なぜなら、世界のいっさいの出来事は、われわれの知りえない原因と結果で結びつけられており、そこには固定された実体はないからである。すべては、目にみえない原因・結果という縁起によって結びつけられ、それらが相依《そうい》相即《そうそく》しつつ、いまここでの現象として現成するのである。私の身体や意識でさえも、いわゆる五蘊（色・受・想・行・識）がこのように結び合ったに過ぎない。

私は、いまこのような姿・形でここに現れ、このような性格と嗜好をもって、この文章を書いている。それは、一見したところ、私の意思や努力（たいした努力ではないが）の産物にみえるとしても、実はその意思や努力をもたらす「何か」の働きかけが背後にはあろう。それはこの現実世界にあってわれわれが問題にしたり、了解したりするようなレベルとはまったく異次元の「何か」によってこの世界の因果が成り立っており、この大きな「因果」のなかに私もまた組み込まれているだけである。われわれを動かしているものは、われわれには理解できない、不可思議な作用なのである。私はいま文章を書いているのではなく、書かされているのだ。

ひとたびこの作用を認めるなら、自我も欲望も欲望の対象もすべて縁起によって生じた現象が引き起こしているに過ぎないのであって、それはたえず姿・形を変え、変転してゆく無常の存在となろう。欲望などといっても1年もすればその対象はまったく違っているだろう。人の姿も5年もすればすっかり変わってしまうだろう。調子にのって永遠の愛を誓うなどといっても1年もつかどうかわからない。だからとして、忘れっぽい「私」が悪いというわけでもない。そもそも「私」という確かなものなどないからである。因縁生起によって生じるこの現実世界のあらゆる現象は、かくてすべてが無常であり、無自性であり、無我なのだ。

そうだと知れば、無常・無我であるこの現実世界の現象に対する執着をいっさい捨てること、それ以外に「苦」から脱出する道はない。「移ろいゆくものはすべて虚妄である」と本当に知ること、それが解脱で涅槃に入ることであった。涅槃だけが真実なのである。「涅槃は変化することなく虚妄ならざるものである。それを聖者は真実だと知る、彼らはその時、欲望なく、完全な安らぎにはいっている」(『スッタニパータ』)。

こんなことがいったい何の説明になっているのだ、といいたくもなるだろう。すべてが縁起だなどといってもいったい何を説明したことになるのか、という反論はもちろんでてくるだろう。

まったくその通りである。だが、そもそも縁起説は、何かを説明しようなどとは考えていない。記述しようともしていない。それは、ただ、われわれの理解不能なものがあり、この理解不能なものは、理解不能なものとして受けとめるほかない、といっているようにみえる。ただ、その場合に理解不能なのは、そもそもの「私」や「世界」などというものさえも、よく考えれば、決して説明のつくものではなく、根元的に理解不能なのである。「私」や「世界」を実在の根拠としようとしてもすべて底がぬけてしまう。とすれば、この世のあらゆる現象をもたらしている働きは理解不能という他ない。理解不能なものを認める他ない。それをすべて受けとめる概念装置が「縁起」であるように私には思われる。

「生」は煩悩そのもの

さて、涅槃（ニルヴァーナ）とは、心の動揺がなく静寂な状態であり、煩悩から解放されていることであった。心に波風はたたない。それは、煩悩を生み出す因縁生起から解き放たれることであった。そして、煩悩を生み出すものは、結局のところ、この現実世界（世間）の「生」そのものである。言葉を使い、様々な表象を生み出し、それによって世界を分節化し、了解し、欲望を生み出し、世俗的な成功や快楽を追求し、つい他人を傷つける。こういう行為であった。

涅槃とは、この現実世界での快苦や善悪や優劣や勝敗や貧富などにはいっさい心を動かされない状態であり、真に安寧の寂滅の境地である。だが実際には、これは現実世界の否定となるほかない。だから修行はどうしても脱世間（出家）的となる。世間から身を引き離すほかない。解脱とはこの現実世界の否定である。本当に現実世界を否定できれば、その時ようやく寂滅の境地に達する。そこではものに煩わされることはない。欲望で身を焦がすこともない。実に気持ちのよい安楽の境地である。「寂滅為楽」である。

このように一応は理解できるだろう。だがそうはいっても実際には煩悩からいっさい解放されるなどということは現実にはほぼ不可能なことではないか。生きているとは、そのままで煩悩のなかにあぐらをかいているようなもので、いくら「諸行無常、諸法無我、涅槃寂静」を真理だと知っても、現実に欲望の「シンボル操作」をやめるわけにはいかない。言語によって世界を区分けし、善悪を区別して生きるほかない。現実のなかで生きるとは、この区分け、区分、分別に首尾よく従うことである。われわれ衆生はそのような世界に生きているのだ。

であれば、解脱とは、やはり結局のところ、死より他にありえないのではないか。釈迦は恐るべきことを述べているのではなかろうか。額面通りに受けとめれば、それはこの現実世界（世間）における生のほとんど全面的な否定にほかならないであろう。たとえば、『スッタニパータ』のなかの有名な「一角の犀《さい》」と題された章（第三経）を少し覗いてみるだけでもよい。解脱へいたる道があれこれ書かれているが、実際にはそれでは現実生活はほとんど成り立たないであろう。欲望の火を本当にすべて消し去れば、現実世界での生は成り立たないであろう。

しかも、自我への執着の最たるものは、死への恐怖であり、生そのものへの執着であることは間違いないだろう。だが、生への執着、生きることそのものへの固執は、ほとんど生命体としての人間の本能に属することではないか。とすれば、それを断ち切るものは「死」しかないのではないか。

実際、われわれは、今日でも、親しい者の死にあえば、確かに一方では深く悼むであろうが、他方では、「あいつもりっぱに成仏した」などという言葉が、嘆息しつつも多少はほっとしたように口をついてでてくるものである。少なくともそういう時はある。死こそが究極の「苦（思い通りにならないこと）」であるとすれば、死苦からの解放は死しかないからである。とすれば、仏教からすれば死は慶賀すべきことではないのか。どうしても「解脱＝死」へと戻ってきてしまうのである。こういう考えが私にはあった。

死んでも「苦」は残る

ところが、どうも話はそう簡単ではない。はるかに複雑なのである。

確かに生が耐えがたいほどに苦であれば自殺すればよいではないか、ということになる。私自身は、一般論としていえば、死のあり方も死への向き合い方も多様だと思っているので、決して自死を否定しない。しかし、かといって、死を苦からの解放として賞揚する気にもならない。だがそれでも、生への執着と死への恐怖から解放される最後の方策は死以外にないとすれば、死は歓迎すべきことになるではないか。

そこでもう一度いうと、生が苦である原因は、もともと何の実体もないものをあたかも実体であるかのように思い込み、それを何としても我が物にしたいと欲望の塊を募らせるからであった。

しかも、欲望の主体であるはずの自我さえも、確たる実体ではない。美しいものを手に入れたいという欲望は、まずは対象をみる目がもたらす感覚の産物であり、うまいものを食べたいという欲望は口や舌を通した味覚という感覚の産物である。

とすれば、欲望とは、様々な感覚器官によって生み出された結果であるが、実はそんな感覚など決して確かなものではない。それは、五蘊が仮和合しただけの仮の姿、一種の幻影に過ぎない。当時のインドにあってはあらゆる物質や精神は、地、水、火、風といった四大基本要素が、いまここで仮に結合してこの「私」という仮象が現象したに過ぎない、と考えられており、釈迦も当時のインドの通念にしたがっていた。

そうであれば、そんな要素の仮の結合によって出来上がった自我など、死ねばすべて灰になりもとの要素へとくだけ散って大地に溶け込んでしまうではないか。ガンジスの大河に灰を流し込めばすべて無に帰すではないか、といいたくもなるのだが、そうではない。

なぜなら、自我という仮和合であれ、この現実世界のあらゆる仮の現象であれ、それを縁起によって延々と生み出しているものは「業（カルマ）」にほかならないからである。「業」といえば、われわれはつい前世からの因縁でがんじがらめになった宿命を想起してしまうが、もともと「業」とは、人間のなす様々な行為であり、それが他の行為に対していずれ何らかの影響を与え、一定の効果をもたらすような作用のことである。因縁生起もこの業のなせるところであり、しかもこの業は、人間のなす行為が他の行為を引き起こす限りで延々と続く。そしてそこに「輪廻

（サンサーラ）」がでてくる。

「輪廻」という考えは、私にはなかなか飲み込めなかった。「輪廻転生」といえば、つい、私は前世では猫であったが、この世では幸いにも人間となり、猫をかわいがって徳を積んだから来世ではもっと幸福になれるはずだ、などという愚にもつかないことを考えてしまう。これはいささか幼稚だとしても、善因善果、悪因悪果のように、この世で善行を積まなければ来世では地獄に落ちるなどといった観念がある。それが勧善懲悪の道徳律の便法だとしても、少し前の時代にはよく耳にしたものである。

そうすると私には次のことが疑問であった。前世や来世の実在性はともかく、この場合に輪廻するものは何なのか。それは、「私の魂」なのか。「私自身」なのか。「生まれ変わる」主体は何なのか。いずれにしても「何か」があるのか。もしそうだとすれば、自我は存在しない、主体は存在しない、という釈迦の教えの根本に抵触するのではないか。こういう疑問である。輪廻と「諸行無常、諸法無我」の関係はどうなっているのか。

だがこの疑問は割と簡単に氷解する。簡単なことである。すべての出来事が原因・結果の因縁生起だとすれば、それは個人の生命を超えてずっと続くであろう。いわば因縁生起の作用は延々と続き、そうであればその作用がもたらす帰結も延々と続くだろう。それを輪廻だと考えれば、輪廻を引き起こすものは延々と続く「業」なのである。私自身ではないし、私の魂でもない。輪廻の単位は、私ではない。私の魂でもない。そのような「私」の次元とは別の話なのである。それは因果によってもたらされる様々な行為であり、行為が与える「作用」なのである。

私が何かする。煩悩に導かれて欲をもつ。するとその行為がまた別の行為を引き起こす。もしも、因縁によって生起した私の行為が「苦」をもたらすとすれば、輪廻とは、この「苦」が延々と続くことである。それは、私が死のうがどうしようが関係のないことであり、私が死ねば死んだで、私の残した行為の作用が何らかの形で後世の人の行為を生み出すのだ。このように考えれば、輪廻は決して魂の問題でもないし、永遠の霊魂といった何らかの実体を想定しているわけでもない。輪廻と無常は決して矛盾しないことになる。

もともと釈迦は、人の霊魂などというものは考えていなかった。こころのようなものを人間の本質とみるウパニシャッドの「アートマン（自我）」も拒否していた。すべてが無常であり、無自性であれば、霊魂という実体も認められるはずはない。死後に人はどうなるのか、という問いには、釈迦はいっさい答えなかった。「無記」といわれるものである。

このような考えを私に明快に理解させてくれたのは仏教学者・魚川祐司氏の『仏教思想のゼロポイント』（新潮社）であった。テーラワーダ（上座部仏教）に従いつつ、魚川氏は、輪廻の思想こそは釈迦仏教のひとつのキーワードであることを説得力をもって論じている。

森羅万象が縁起によって連鎖し、相依相即して「無常」であるからこそ、輪廻が生じるのである。万事が縁起によって連関しているという釈迦の思想からすれば、「何が輪廻するのか」という問いは意味をもたない。それは、行為の連鎖の延々と続くプロセスなのである。だから、輪廻を前世や来世などとみなす必要もなく、いまこの瞬間にも行為の連鎖は続いている。確かに輪廻とは、「流れゆくもの」なのである。

ではどうして輪廻という、われわれにはつかみにくい観念が釈迦仏教にとっては決定的なものかといえば、輪廻が続く限り、個体は死滅しても「苦」そのものは続くからである。私が死んでも苦は続くのである。煩悩を、欲望を、そして「苦」を残して死んでいったとすれば、苦は引き継がれる。煩悩がある限り、苦は延々と続く。

そして、もしこの苦の連鎖を断ち切る方法があるとすれば、この世で苦を滅するほかないだろう。それこそが解脱であった。死が苦を滅するのではなく、ただ解脱のみが苦を滅する。かくて修行に励み、煩悩の火を鎮めて解脱し、涅槃に入ることで、「苦」の連鎖である輪廻を断ち切らねばならない。それが真理に目覚めたものの責務とでもいうべきものであろう。輪廻を断ち切るためには解脱しなければならないのであり、ただただ死ねばよいというものではない。死してもなお「苦」は残るのだ。

蓮には泥水が必要

これは驚くべき思想といわねばならない。なぜなら、ここでは個人の死はもはや問題とはなっていないからである。生老病死という一人の人間の生の「苦（思い通りにならないこと）」から出発したはずの覚りへの道は、延々と続く「輪廻」という連鎖プロセスの裁断というところまで来てしまった。この「輪廻」のプロセスを断ち切ることが解脱であり、涅槃に入る、つまり寂滅ということである。真の解脱は、個人の生死を超えて、「苦」そのものの連鎖である輪廻を断ち切るという意味をもってくるのだ。寂滅からすれば、もはや個人の生か死かはさしたる問題ではなくなっているわけである。

だがそうだとするとどういうことになるのだろうか。また別のやっかいな問題が起きるようにも思われる。もし輪廻を断ち切らなければ苦から逃れることができないのだとすれば、一人や二人の人間が解脱してもあまり意味はないであろう。苦は残り続けるからだ。ところが、すべての人間がいっさいの欲望を断ち切り、煩悩を消滅させてしまえば、現実世界での人間の生そのものが尽き果ててしまうであろう。現実世界（世間）は煩悩によって成り立っているとすれば、煩悩が消滅すれば、現実世界も消え失せてしまうことになろう。

かくて、私には、釈迦仏教は、何かきわめて不安定で自らを崩壊させかねない矛盾を抱懐しつつ、この矛盾の上にかろうじて成り立っているように思えてくる。輪廻が断ち切られ、すべての人が覚った世界は不生不滅の世界である。それはその通りである。確かに生も死もないのである。先の魚川氏は、それを「『世界』の終わり」といっているが、涅槃とは確かに「世界の終わり」を意味している。なぜなら、そこでは、もはや、生まれることもなく、死ぬこともなく、再生することもないといわれるからだ。確かに不生不滅である。

論理の問題としていえば、すべての衆生が覚りに到達しなければ輪廻は断ち切れない。一部のエリート修行者だけが真理を覚って涅槃に入ったとしても苦は決して滅することなく輪廻は続く。だからこそ釈迦は衆生に教えを説くべきだという梵天勧請《ぼんてんかんじょう》を聞き入れて弟子を受け入れたのではなかったろうか。遊行しながら仏法を説いたのではなかったか。仏法の布教は、やがて衆生の救済へと向かうのも必然だったのではなかろうか。「世界を終わらせる」には、衆生を一人残らず救済するという阿弥陀仏の本願へと行きつくのも当然というべきなのではなかろうか。

言い換えれば、釈迦がサンガという出家集団によって修行を続けたのは、現実世界では、決して苦の消滅や輪廻の終息などありえないことを知っていたから、ということにもなろう。それは当然のことである。釈迦自身が、自分が覚った真理はあまりに崇高で容易には理解できるものでもなく、衆生に理解できるようなものではない、といっているのである。それは頭でわかるような教えではない。知恵があり、研究熱心で、師の話をすべて記憶しているからといって覚れるようなものではない。ましてや世間で我欲に囚われている衆生など、とても覚れるようなものではない。

じっさい、釈迦の覚りとは、ただ真理を知ることではなく、一切の欲望の火を消滅させ、我欲を滅し、静寂の境地をえることそのものであった。いわゆる、苦・集・滅・道の四諦《したい》を現に実践することであった。仏の知恵とは実践でなければならない。だが実際には、そんなことは現実世界では不可能である。しかも、ありえないことではあるが、仮に一切衆生が一人残らず涅槃の境地に入るとすれば、いったいどのような世界が出現するのであろうか。

いや「仮に」であれ、そのような世界を想像することは無意味である。一切の本能的な生存欲や生命の根源的欲望や意思や欲望がことごとく消滅した世界では、世界そのものが成り立たない。だから、仏教が唱える覚りによる救済とは、この現実世界が汚濁に満ち、我欲と我欲が衝突する世界であるからこそ、意味をもってくるのである。ちょうど泥水にあってこそ蓮は美しい花を咲かすように。これを逆からいえば、蓮が咲くためには泥水が必要なのである。そして実際、汚水も泥水も失せることは決してない。

釈迦の覚りの普遍性

ここには、ひとつの思考の飛躍があるように私には思われる。釈迦はもともと人生を徹底して苦とみて絶望に陥った己の救済（覚り）を求めて出家したはずであった。命がけの修行も、そしてその後の瞑想も、この苦から脱却するための行であった。そして、彼は菩提樹のもとで覚りに達する。だが、この覚りは、口で表現できるものでもなければ、通常の意味で他者に伝達可能なものでもない、という。

それは当然のことで、言語によって他者とのコミュニケーションが成り立つのは、あくまでこの現実世界だからで、釈迦の覚りは、われわれの日常の分別や理性や言語表現を超えたもの、現実世界を超え出たものだからである。ただ明瞭なのは、釈迦が自分一人を納得させるだけの神秘的な真理に到達したのではなく、普遍的な、より深い境地に達していた、ということである。確かに表現しえない「境地」という他なかろう。釈迦が体得した真理は、個人の苦や生死の問題を超えた次元にまで到達していた、ということであろう。

だからこそ、縁起、無常、輪廻、解脱、涅槃などの考えは、人間存在の根本に触れているのであり、それゆえに後世にいたるまでかくも大きな影響力をもったのだった。言語的表現や説明を超えたものであっても、かくも大きな影響を与え続けたのは、それが、釈迦個人の人生上の苦や個人的な寂滅為楽が問題なのではなく、人間存在の根底的な苦、つまり欲望や執着や自我意識という普遍的問題に至り、そのよって来る所以にまで及んでいたからである。

因縁は、たとえば十二縁起のような因果の連鎖のプロセスを辿り、最後は根本的な「無明」にまで至る。「無明」とは、人間がもっている本能的というべき生存欲のようなもので、この根源的な次元にある真理を人間はまったく知らない、ということだ。ここに人間の根源的な無知がある。こうなると、釈迦の覚りは、もはや釈迦ひとりのものではない。しかもすべてが無常であり、相依相即して輪廻によってつながっているとすれば、ことは釈迦ひとりの覚りでどうなるものでもない。「無明」を根本に抱き込んで、しかもその「無明」をいっさい意識することもできず(だからこそ「無明」なのだが)、そこから次々と漏れ出る煩悩の火に焼かれる人間存在そのものへと問題はつながっているのである。

「無明」を真に消し去ることはできまい。後に唯識論は、このもっとも根源にあるものを「阿頼《あら》耶識《やしき》」と呼んだが、それは、通常の無意識よりもさらに奥深いもので、存在の深い底にある「阿頼耶識」をコントロールするなどということは不可能である。そして「無明」が「阿頼耶識」に作用することで、それこそ人間という存在の業というべきものが生まれる。かくて十二縁起のような因縁の連鎖が始まる。人の心の根底に、あるいは存在の根底に「阿頼耶識」のようなものを見出した点に、仏教がいわば普遍宗教へと展開する基本的な理由があった。

釈迦は死しても法は受け継がれた

釈迦は、覚りを開いた後、誰にもそれを告げずに、ひとり寂滅為楽の境地に遊んで過ごそうとしていたにもかかわらず、梵天勧請によって、ついに自らの教えを弟子たちに告げようと決意したのだが、この場合、次のことに注意しておかねばならない。

今、述べたように、釈迦の覚りはただ彼個人の神秘体験による独自のものではなく、普遍的な真理であった。そしてそれにもかかわらず、この真理は容易に語れるものでもなければ、容易に理解されるものでもない。そしてさらに、それにもかかわらず、彼はある意味では、（少数の弟子たちだけとはいえ）集団をつくり、弟子たちに真理に達する方法を伝授しようとしたのである。そして、ここから後の大乗仏教にもつながるいくつかの重要な点が生じた。

釈迦の覚りが普遍的なものだとすれば、それはもはや釈迦ひとりのものではない。とすれば、釈迦の教え、つまり仏教の真理は、釈迦が考え出したものではない。釈迦はそれを発見したのであった。仏法は釈迦さえも超えている。永遠の真理である。とすればそれは、仏教の真理（仏法や真如）の普遍性と絶対性を唱えるに等しいであろう。それは、世俗的な現実世界を超えた、いわば超越的な真理だとみなされるだろう。これは重要な論点である。

なぜなら、仏法の普遍的真理という思想は、後の大乗仏教において決定的な意味を帯びてくるからだ。『華厳経』の毘盧遮那仏《びるしゃなぶつ》にせよ、その変形である大日如来にせよ、『浄土三部経』の阿弥陀仏にせよ、そして『法華経』の説く久遠実成説《くおんじつじょう》（仏法の真理は、時間、空間を超えた絶対のものだとする考え）にせよ、もはや、釈迦という生きた個人ではなく、それを超えた超越的な真理の存在を説くのであり、その人格的、いや仏格的表現を如来に託したのだった。

かくて釈迦はいわば二重の存在であった。一方では生身の人間である。他方では、現実世界から脱出した出家であり、解脱した覚者である。生身の人間として彼は、無常のこの世界に生き、生死の苦しみを経験している。とりわけ齢80になって身体も弱り、腹痛の病魔に襲われつつ必死で遊行する。その意味では、決して生死を超越したわけではない。弟子たちもまた尊師の死をたいへんに悼み悲しんだ。老病死の苦が消え去ったわけではない。

しかしまた、解脱して涅槃の境地をえた覚者としては、彼は、「苦」の輪廻を断ち切り、無常を超えた、脱世間的存在であった。確かに、釈迦は法そのものでもあった。釈迦は入滅しても、その教え（法）は残る。弟子が法を受け継ぐのである。そこでは釈迦個人はもはや存在意義を失い、法だけが残っている。法は永遠の真理であって、それはいわば「覚りの世界」のものである。

この「覚りの世界」つまり涅槃の境地からすれば、現実世界の自我や欲望や、さらには生死さえも問題とはならない。生も死も問題とはならない。不生不滅の世界なのである。なぜなら、生と死の区別は、死への恐怖や生への執着からでているものであって、そういう分別（区別）自体が迷いの現実世界のものだからである。「覚りの世界」からすればこのような区別そのものが意味をもたないのだ。

ところで、先にも述べたように、苦の原因がたとえば十二縁起のような延々と続く因縁生起であり、その連鎖が輪廻をもたらすとすれば、真の解脱とは、この世界の隅々まで仏法がいきわたることであろう。あらゆるものが相互につながっているとすれば、釈迦ひとりが解脱しても仕方がない。そもそもすべてが相依相即の世界では、釈迦だけが涅槃に入るということもありえないであろう。すべてのものが涅槃に入るまで、真の解脱はありえないということになろう。

とすれば、一切の衆生が覚りに達するまで仏法を説きつづけるべきだ、という思想もでてこよう。そこに大乗仏教が出現する必然性もあった。一切衆生の救済という大乗仏教のテーマもそこからでてくる。釈迦の説いた初期仏教と大乗仏教はまるで違ったものになっているという指摘はしばしばなされ、江戸時代の学者である富永仲基《なかもと》（1715〜1746）など、大乗仏教は仏教にあらずと断言した者もいるが、確かに、大乗仏教に至って、初期仏教は大きな転換を遂げたことは間違いない。大乗は、釈迦から出発しつつも、また別の仏教体系を生み出そうとした、といってもよいであろう。

だが、その別の体系への転換があるとしても、その契機はすでに釈迦の教えのなかにしっかりと芽生えていたように思われる。そして、それが、実は本章のテーマである、日本仏教の死生観とも深くつながっているのである。

「縁起・無自性・空」

繰り返すが、ここで私が関心をもつのは、釈迦仏教のもつ二面性である。ひとつは、釈迦の体得した智慧は、釈迦個人を超えた絶対的な法である、という超越面（覚りの世界）であり、もうひとつは、釈迦自身が修行の果てに覚りをえた現実の人物であり、じっさい、彼は弟子たちに覚りの方法を伝授しようとしていた、という現実面である。前者は、脱現実的で脱世界的で超越性、抽象性へと向かい、後者は、具体的な現実世界へと向かう。仏教はもともとこの二重性を孕んでいた。死生や苦でいえば、前者の立場では、もはや生や死や苦も問題とはならない。後者においては、衆生は衆生のままであって生死の苦を背負ったままである。問題はこの両者をどのようにつなぐのかであり、そこに大乗仏教の登場する理由もあった。と同時に、大乗仏教が、たとえば日本において「日本的仏教」へと変質してゆく理由もあった。

まず、大乗仏教は、基本的に二つの方向を向くことになる。一方では、『華厳経』でいう毘盧遮那仏や密教の大日如来のように宇宙全体を包摂した無限に壮大な絶対仏や、『法華経』のいう一乗によって、あらゆる仏の本源的な存在としての久遠仏《くおんぶつ》へ向けた超越へと向かう。浄土教の場合には、阿弥陀如来という無限の光と無限の寿命をもつ超越的な仏へと向かう。こうした超越的方向が一方ででてくる。無限者あるいは絶対者としてのこれらの仏は、永遠の真理の表象であった。

しかし他方では、『華厳経』がいうように、宇宙の一者としての仏はまたすべての存在者に宿っている、ともいわれる。「一即一切」であり「一切即一」である。宇宙的一は、いかなる微小な塵埃にも宿っており、いかなる塵埃にも宇宙的一が存在している、という。絶対者は、あらゆる微小なるものの内にも宿っている。こうして、根本的な真理である仏法は、いかなるちっぽけな存在である現実の衆生の中にも宿っていることになる。いかなる品性劣悪な悪党の中にも、仏法の真理のすべてが宿っているのである。

だがどうしてそういえるのか。

理屈としていえばさしあたりは次のように考えればよいだろう。そもそも、釈迦が覚った真理とは何であったか。それは、すべては縁起であり、無常であり、無我である、というこの世界の真相を見極めることであった。後に龍樹《りゅうじゅ》（2〜3世紀にかけてのインド大乗仏教の確立者）はそれを「空」の一語で特徴づけ、大乗仏教のひとつの要となった。

しばしば、大乗仏教の根本的な真理を「縁起・無自性・空」などというが、それこそが仏法だとみなせばよい。繰り返すが、釈迦が覚った真理を少し単純化して端的にいってしまえば、すべては縁起であるがゆえに、一切は無（無実体）であり、自性は存在しない、ということであった。とすれば、毘盧遮那仏であれ、大日如来であれ、久遠仏であれ、超越的な仏の姿で表象される存在は、決してそれ自体が実体であってはならず、その真実は、「縁起・無自性・空」で示される法そのものでなければならないであろう。

とすれば、仏法を、現実を離れた別次元に鎮座させておくことはできない。別次元に別世界という何らかの実体があるわけではない。いかなる形であれ、仏法を示す実体があるわけではない。極楽浄土などの仏国土《ぶっこくど》（仏が住む国）という言い方がされるが、本来、どこかにそんな世界があるわけではない。とすれば、仏法という真如はどこにあるのか。実はそれはこの現実世界にこそある、といわざるをえないだろう。かくてそれはすべての衆生の内にある。だからこそ衆生は覚りに達することができる。ここに大乗仏教のもっとも重要な論点のひとつがでてくるのである。そしてそのことが、仏教の日本的な死生観と結びついてくるのである。そのことを次章では、主として道元に依拠しながら論じてみよう。

第六章　道元の「仏性」論

生も死も同じ

改めて仏教の死生観について考えてみたい。仏教の死生観といった時にすぐに思い出すのは次の言葉である。生と死は、と問うて、仏教は「生死不二」「不生不滅」という答えを差し出した。生も死も同じだ、生もなければ死もない、というのである。「不二法門」を説く『維摩経』にあっても「生死不二」や「不生不滅」が唱えられる。究極的には生と死を分けることはできない。生と死の区別は、この世で生きる人間が理性（分別知）によって分離しただけのことであって、「この世」を少し離れて、生死の本質を見極めれば、本当は生も死もない、というのである。

たとえば道元はこんなことをいっている。

生も死もこれすなわち仏のいのちである。それを捨てることは仏のいのちを失うことになる。かといって生死にこだわるのもまた仏のいのちを失うことになる。厭うこともなく、また慕うこともない時にはじめて仏のこころに入ることができる。ただし、それを言葉でいってはならない。ただわが身も心も忘れ去って、すべてを仏に投げ入れてしまえば、仏の方からのはたらきがあり、それに従えば自然に生死を離れることができる、と（『正法眼蔵《しょうぼうげんぞう》』生死の巻）。

生も死も、それぞれともに仏の業だと思えば、もはや生死にこだわる必要はないではないか。生死を無視することもできないが、かといってそれにこだわるのもよろしくない。生死を厭うことも、また、慕うることもなくなった時、仏のこころに入るのだ、という。

なるほど、と思う。『正法眼蔵』の中の「現成公案《げんじょうこうあん》」においても道元はこう書いていた。「生も一時のくらいなり、死も一時のくらいなり」と。

生も一時のあり方であって死もまた一時のあり方だ。生が失われて死へ移行するのではなく、また死が生に戻るわけでもない。生は生であり、死は死である。それぞれのあり方であるだけだ。生きている時は生きているがよい、死ぬときは死ねばよい。どちらでも仏の業だと思え。こういうのである。

これももっともだ。どうやら、道元は、私の友人と同じようなことをいっているようにみえる（80ページ）。生の意味や死の意味など考えても仕方ないではないか。死ぬときには死ぬだけだ。だからまた、生きているときには生きることだけを考えればよい。生や死の意味などという無駄なことに思考を巡らせるな。ただ楽しめばよいではないか。そう読めなくもない。

それでは、道元は、現世主義の快楽主義者と同じ類なのであろうか。

もちろんそうではない。道元は現世的快楽主義者どころではない。ただ一見したところ、生死にこだわるなという道元の姿勢と、現世的快楽主義者のわが友人が重なってみえてしまう。では両者の違いは何なのか。道元の死生観を理解する重要なポイントがそこにあるように思われる。

道元はまた「生死のなかに、仏あれば、生死なし」という。実に端的で簡潔な言いようである。だがこの短い一文は、少し注意深く眺めてみれば、ふたつの決定的な論点を含んでいるようにみえる。ひとつは、「生死なし」には、あくまで「仏あれば」という付帯条件が課されている。「生も死もない」つまり「生も死も区別することなどない」のは、あくまで「仏あれば」という条件のもとで、なのだ。

仏とは、いうまでもなく覚りに達した人である。覚者である。「覚り」とは何かを言葉でいうのは不可能だが、あえていえば、いずれ、この現実世界の理性や判断や分別などを一挙に飛び越えてしまう、もしくは、それをいったん「無化」してしまうことを意味している。それは、われわれが通常、言葉を交わし、分別でもって行動の意味を了解して生きているこの現実世界を、そのものとしては存在しない、つまり「無」と体得することである。体得するとは、頭でわかるのではなく、その「無」のなかへ自らを投じ、自らが「無」においてあるという境地に至ることであろう。その意味で、それは、この現実世界を離れ、自我も世界も実体としてあるものではない、という「無」へと超出することであろう。

だから、「生も死もない」あるいは、「生も死も同じだ」という生死一如は、あくまでこの覚りの立場からいわれていることになる。「仏あれば」とは、覚りに至れば、ということである。この現実世界にあって、ただただ何も考えず、条件反射のごとく、目前の刺激に反応して快楽や愉楽を追い求める生き方が、道元のいう生死一如などとはまったく無縁であることはいうまでもない。生死一如、不生不滅は、あくまで覚りにおいて述べられるのである。

覚りは現実世界にある

ところが、ここにもうひとつ大事なことが書かれている。それは、「生死のなかに、仏あれば」である。「仏あれば」はあくまで「生死のなかに」なのである。最初の生死と最後の生死を結び付ければ、「生死なし」は「生死のなか」でということになる。

こうなると話はかなりややこしくなる。

「生死のなかに」は、もちろん、「生死なし」どころか、「生や死がある」状態を意味している。生死ある状態とは、まさしくこの現実の世界そのものであろう。ところが、この現実世界のなかに「仏あり」というのだ。

先に、「覚り」はこの現実世界を離れることだ、といった。しかし、それは訂正されなければならない。仏はこの現実のなかにある、というのであるから、覚りもこの現実世界を離れてはありえないことになる。

分別や理性で物事を理解しようとするこの現実にあっては、生と死はまったく違っている。われわれの通常の分別に従えば、生は、快楽・愉楽を追求する活動の世界であり、死は、そのすべての消滅である。生は生命の輝く世界であり、死は生命の消滅にほかならない。

だが仏教でいう覚りとは、この生と死の区別の徹底した否定であった。生は生命の輝きであり死はその消滅である、などというわれわれの通念を全否定しようとする。ところがまた、その覚りは、現実の世界を離れることで得られるものではなく、まさにこの現実世界のなかにあって得られる、というのである。

これは、道元を理解するもっとも重要な論点であるだけではなく、大乗仏教の核心といってもよいであろう。もしもわれわれが生きているこの現実世界が、現にそうであるように迷いの世界であるとするならば、生の苦や迷いから脱するには死ぬほかないであろう。解脱とは死であるほかない。だから、現にわれわれは、知人の死に直面して「あの人も成仏しはった」といったり、「ホトケにならはった」などといったりする。「仏になる」とは死以外の何ものでもない。それは、この現実世界をただただ迷いの世界として捉えているからである。だが果たして、覚りの世界(仏の世界)は、この現世とはまったく別にあるのだろうか。成仏した先に死後の世界がある、ということなのだろうか。

以前にも述べたように、仏教においては、いくら生の苦が耐えがたくとも、では死ねば解脱できるかというと、そういうものではない。死後に現世を離れて別世界へ旅立つことは決して解脱ではない。涅槃は「あの世」ではないのである。本来、「あの世」などというものを仏教は認めない。涅槃は、現世における生の否定の向こうに静かに広がっているのではない。そうではなく、生と死に包まれたこの現実世界そのものにこそある。そこに仏のいのちが顕現する。覚りはあくまでこの現実世界においてである、というのが仏教の考えであった。

覚りにせよ解脱にせよ、死後にではなく、まさに「ここ」において生じる心的状態なのであった。とすれば、この世界にあって本当に覚りをえれば、現世に生きつつも、もはや生も死もない、ということになるだろう。

そういう意味を現したのが「生死のなかに、仏あれば、生死なし」であった。この現実世界の外に仏を求めても解脱に到達するわけではない。逆に、生と死の苦界であるこの現実世界をそのまま涅槃であると心得れば、もはや生死を厭い、涅槃を願う必要もない。その時、生死を離れることができる。道元はこう述べるのである。

誰でも「仏性」をもっている

このことをまた「生死即涅槃」ともいう。生や死という苦に満ちたこの現実世界がそのまま涅槃だというこの命題は、大乗仏教が目指す究極の境地といってもよいであろう。「安らぎの境地」を意味する涅槃をこの現実世界へと引き戻す。そして、この現実世界そのものが涅槃だ、というほとんど直観的とでもいうほかない深い洞察がここにある。

その境地を、たとえば親鸞は阿弥陀仏への絶対的な帰依として捉えようとした。親鸞の師である法然にあっては、浄土は死して後にゆく場所と理解されていたが、親鸞は、凡夫が凡夫のままで阿弥陀仏の本願を絶対的に信じることそのことが救済である、という。仏は、この世を離れたはるかかなたの西方の極楽浄土に鎮座しているのではなく、まさに「ここ」にすでに来ている。本当は、弥陀の請願はすでに実現されているのである。そのことを信じさえすればよい。ただただ黙然と阿弥陀仏に帰依すればよい、という。

「信じる」のは私ではない。そこに主語はない。私はただ信じるように仕向けられるのである。それもまた弥陀のはたらきである。弥陀のはたらきが信心を起こさせるのである。だから、信心が生じるということは、この現実のなかですでに仏の救済を得ていることになろう。真実信心の人は「正定聚《しょうじょうじゅ》」(覚りをひらいて仏に成ることが決まっていること)だという。弥陀は、死後に西方のどこかでわれわれを待っているのではなく、すでに、この現世において働きかけている。成仏とは、この世で覚りの境地をえることであって、死ぬことではないのである。

しかしそうはいっても、われわれ衆生が覚るのは容易なことではない。生も死も一如などといって達観できるものではないだろうし、騒々しくも刺激と欲と同時に様々な面倒に満ち満ちたこの現実を、そのまま静寂な涅槃だといわれても無理な話であろう。

確かに人生に悩みを抱える者ほど涅槃の安らぎを求めるかもしれないが、こういう苦悩者に限って、とても覚りなどひらく余裕もない。仮に現世的欲望を汚濁に満ちた一種の幻影と認めたとしても、現実にそれから逃れるのは容易なことではない。色即是空などといっても、それこそ多種多様な彩りあざやかな「色」に満ちあふれた現代社会で、その「色」を空ずるなどどうしてできるのか。この「色」に翻弄されることこそが世俗的な現実世界の実情であり、世俗世界に生きるとは、よかれあしかれ色にまといつかれて煩悩とともに生きることではないのか。それを衆生と呼ぶなら、いったい、煩悩にまみれた衆生はどうして救済されるというのであろうか。

これは大乗仏教の根本的なテーマであった。大乗仏教は一切衆生の救済を説く。貴族もなければ庶民もない。知者もなければ愚者もない。正直者もなければ悪党もない。声聞《しょうもん》（釈迦の教えを守って自己の覚りのみを追求する修行者）や独覚《どっかく》（釈迦の教えに頼らずに自力で覚りを得ようとする者）や菩薩（衆生を救済するために修行にはげむ者）の違いもない。『法華経』は一切の区別なく、すべての衆生が平等に救われると説く。

だがどうして一切衆生は救済されるのか。そこで、大乗仏教は次のような答えを用意した。一切衆生の救済が可能なのは、あらゆる衆生がその根底に仏のこころ、すなわち「仏性」をもっているからだ、というのだ。

「仏性」とは何か。「仏性」とは、さしあたりは、覚りの可能性といってよいであろう。なぜなら、仏とは覚りに達した覚者だからだ。だから、仏性をもつとは、衆生には覚りの可能性が本質的に内在している、ということである。すべての衆生が仏になりうるのはそのゆえである。

こうして『涅槃経』が説いた「一切衆生　悉有仏性《しつうぶっしょう》」が大乗仏教の根本的な命題となった。「すべての衆生は仏性をもつ」という。いわゆる「本覚思想」もここからでてくる。「本覚」とは、衆生がすでに覚りを秘めている、ということであって、衆生といえども本当は覚っているのだ。それが、すべての衆生は本来的に仏性をもっているという意味であり、だからこそ、すべての衆生は救済される。日本中世の仏教思想は、天台宗の開祖・最澄《さいちょう》（766〜822）を始めとして「本覚思想」の大きな影響下にあったが、この思想が重要なのは、現実と涅槃の区別がここでは見事に解消されてゆくからにほかならない。

こうなると、生と死を区別する必要もなくなるだろう。誰もが、本当は覚っているはずだからだ。もはや、生と死という二元論に囚われることはない。生は煩悩の世界だといっても、本当は覚っているはずなのである。衆生といっても、この現実世界にあって、そのまま仏を宿している。だから、衆生のままで、生死即涅槃であり、生死不二もしくは生死一如となる。

確かに現実には人は生きてまた死ぬ。しかし、生きて死にながら同時に不生不滅なのである。衆生には、あらかじめ覚りが内在化されているのだから、そのことに気づけば、現実の生や死のあり方が、そのまま覚りの現れとみることになるだろう。かくて、もはや、生と死を対立させることもないし、現実と涅槃を対立させることもない。生も死もそのまま受け止めればそれでよい。現実のなかにありながら、この現実世界を超出しているはずなのだ。

なぜ衆生は苦痛にあえぐのか

これは大乗仏教が到達したひとつの極致とでもいうべき境地であった。

ところで、先にも述べたように、日本にはもともと死者の魂（タマ）は、その身体を抜け出してどこかで存在する、と考える傾向があった。向かう先は山の奥であったり、海の彼方へ飛翔したりするし、あるいはそれは生者とともにあったりする。霊といわれるものである。それは、時には先祖崇拝と同一化される。魂は先祖から受け継がれたものであり、肉体（魄）を離れても、この世界に留まる、という観念も出現する。ここには、おそらくは、古い儒教のもつ、魂魄《こんぱく》からなる宗教性が日本に導入された影響もあったのであろう。いずれにしても、霊魂が生者と死者をつなぐ、という考えがあった。

この日本の伝統的な死生観からすれば、確かに、生と死は一如とはいわないまでも、その本質は同じだということにもなろう。生命の本質は「魂」なのであって、それは、肉体をもって命を与えられていても、肉体を失って命が失われても、基本的には同一なのである。だから、この「魂」からすれば、生死を特別に区別する必要はない、ということにもなろう。

ところが仏教は、基本的に「霊魂」や「たましい」や「永遠の存在」や「超越者」を認めない。それらを否定してきた。確かに、阿弥陀仏は時間と空間をこえた永遠の存在であり、無限の量と無限の光であり、この世をこえた絶対的な存在であるかのように描かれているが、それはいわば信仰の方便である。

『法華経』の久遠実成の永遠の仏にせよ、『密教』の大日如来にせよ、確かに、西洋の一神教にも似た絶対的な一者を目指しているかのようにも思えるが、あくまで信仰上の工夫である。決して実体化してはならない。何であれ、普遍的で永遠の実体（実在）を否定するところから仏教は始まったからである。少なくとも、実在的存在をそのまま絶対者として措定《そてい》することは避けなければならない。

ましてや、東大寺の盧舎那仏のような超巨大な仏像から、人差し指ぐらいの小さな仏像まで、ありとあらゆるタイプの仏像をありとあらゆる地方にまで安置して、仏をあたかも人格的な存在のように表象するのもまた庶民向けの方便であった。信仰は必ず方便を必要とするのであり、『法華経』もそのことを説いていた。実際に、巨大大仏から手元のかわいい仏像まで、いかに仏像が仏教の信仰拡大において大きな役割を果たしたかはあえて論じるまでもなかろう。人は大仏に圧倒され、小仏を愛でた。だが本来は、すべての実体的存在は否定されるのが仏教の本質である。すべてが空である、と説く仏教が、永遠の仏を仏像の形で実体化するいわれはどこにもない。真理はあくまで「法」なのであった。仏教は、日本の古代の自然宗教や神道が考える「たましい（タマ）」や初期儒教の「魂（コン）」とはまったく違った信仰形態をもっていたはずである。

そこに、仏性という観念が出現したのである。だが、仏性とは何なのだろうか。

仏性とはまた如来蔵ともいわれるが、その如来蔵について『大乗起信論』（大乗仏教の中心教義を説いた論書。成立年不明）は、次のように書いている。「衆生心は、そのうちに如来を宿すもの（如来蔵）として、如来と同じ徳相を本来備えている」（岩波文庫『同書』訳・宇井伯寿、高崎直道）。衆生の心のなかに「如来蔵（仏性）」は、本来備えられている、だから、本来、衆生は如来と変わらない、というのだ。

ではどうしてわれわれ衆生は迷い、苦痛にあえぐのだろうか。それは、真理（真如）を知らない根元的無知（無明）のためだ、という。そのために、心が汚され曇らされているのである。この無明のはたらきのために、われわれは自我に囚われ、ありもしない対象を目の前に現し（妄現）、対象や世界に振り回されて心がいつも動揺する。現実世界と思っているものは、すべて心が生み出したものに過ぎない。世界のあらゆる物事を言葉で、分別をもって理解するのも、またあらゆるものが生滅を繰り返すのも、心がそのように現実世界を感じとっているからである。それは、すべて心のもたらす妄念であり、それを「心生滅」という。これは迷いの世界であり、覚りに達していない不覚である。

だが、すべては心が生み出していること（三界唯心）を知り、実在と思っている現実世界をすべて虚構だと知れば、心の働きは無明から解放され、この現実世界の様々な物事による心の動揺はなくなる。もはや心生滅が起こることもなく、静かに心の本性を知ることができる。心は「自《じ》性清浄心《しょうしょうじょうしん》」と呼ばれるように、もともとそれ自体で清浄なるものなのである。それは、鏡のように澄んでおり、だからこそあらゆるものをそのまま映し出すがごとく、世界を真如としてみることができる。それが「心真如」である。心は何にも動揺することなく常住であり静寂である。

重要なことだが、唯識論を根底にもつ『大乗起信論』の立場からすれば、われわれの生きるこの現実世界は根本的にわれわれの心の産物だとされる。もちろん、現実には、われわれの外部に、世界と呼びたくなる何ものかがある。山があり河があり、人がいる。だが、その時、山を山として意識し、河を河と呼び、人を人と名付ける作業は、人間の主観（心）が行っている。物事に名前を与え、言葉によって仕分けを行うことが世界の秩序化だとすれば、われわれの心が世界を秩序づける。とすれば、この世界を世界たらしめている根底には、われわれの心というものがある。

だからもしも、われわれの生の苦が世界に由来するとすれば、それはわれわれの心の問題ということになろう。とすれば、そのことを徹底して知ることによって、われわれを苦しめ、迷わせているものの正体は、われわれの根本的な無知（無明）からくる妄心の作用にほかならない、と了解できよう。それこそが平穏を得る道であろう。この時、心は真如へと帰還し、現実世界はそのままの現実世界として真如の相のもとにみられることになる。

かくて、三界唯心であれば、迷いの心である「心生滅」と覚りの心である「心真如」は、唯一の「心」の二面であり、それはまた、同じ現実世界の二面ということになるだろう。われわれは迷いの心で生きることもできるが、また覚りの心をもつこともできるはずである。覚りは、この現実を離れたどこか超越的な場所に飛躍することでもなければ、もちろん死後世界にあるのでもない。それはこの現実世界の中にこそある。覚りはこの現実世界で得られるのだ。なぜなら、衆生の本性は真如にあるからである。

もともと清浄心によって人の心は鏡のように澄んで、万物をそのまま映し出すはずであった。それが、根源的無知（無明）によって汚染され、汚れた心（染心）となる。そこから、物事すべて概念的に捉えることからくる煩悩や、物事を対象化して所有しようとする欲望が生まれる。かくて、真如の世界（心真如）は、同時に迷いの世界（心生滅）となる。これが大乗仏教の考え方であった。

心の二重性

この世界（心）の二重性を、東洋思想研究者の井筒俊彦（1914〜1993）は『大乗起信論』についての注釈書（『意識の形而上学』中公文庫）のなかで「双面構造」と呼んでいる。世界（心）は、覚りと迷いの双面をもっているのである。彼はまた、この二面を、人間の「意識」と「無意識」に類比させているが、われわれは、通常の現実生活のなかでは、もっぱら「迷いの意識」のなかで生きている。しかし、その背後をみれば、そこには「心真如」というべき仏性（如来蔵）が張り付いている。

われわれは、自分の背面をみることができないので、自分の背面に仏性が張り付いているなどとはまったく思わない。別の言い方をすれば、それは「無意識」であるために、われわれの意識において知られることは難しい。覚りとは、この無意識のレベルまで降りてゆく特異な心的状態をいうのであろう。

しかし、われわれの心理が「意識」と「無意識」の二重構造をもっているように、心は双面構造をもっている。ということは、とりもなおさず、この現実世界は、ただただあれやこれやの実在（色）の集合体なのではなく、覚りと迷いの、つまり「心真如」と「心生滅」との双面をもった二重性を帯びているということになる。

このような「現実」の捉え方は、私にはたいへんに興味深いし、ここには重要な意味があると思う。

それは、「現実」をただ目の前の世界が顕現させる様々な出来事や存在物として理解するのではなく、「目にみえる世界」と「目にはみえない世界」の二相の重なりとして理解しているからだ。われわれはこの現実の世界を生きている。しかし、その背後にはわれわれには捉えられていない「覚りの世界」が張り付いている。それを「顕の世界」と「幽の世界」といってもよいだろう。「顕」と「幽」の二重性から成っている。あるいは、「顕」と「冥」といってもよいし、また「顕」と「潜」といってもよいし、「顕」と「密」といってもよい。われわれは世界の二重性を様々な言い方で言い表してきた。いずれにせよ、「現に目にみえてある顕の世界」と「目にはみえない幽の世界」の二面性である。このふたつは「現実」の二相というべきものであり、表裏一体になっている。現実世界とは、この「二相同体」にほかならない。

こういえば、どうしても、前章で述べた、日本の伝統的な死生観を思い起さずにはおれないだろう。日本の伝統的な死生観においては、死者の「魂」は、どこか超越的世界へ行くのでもなく、われわれの生きているこの現実にいわば張り付いている、とみなされた。

このような、現実世界の「二相同体性」は、日本の霊魂観やカミの観念にもしばしばみられるものであった。自然の木々やそこらにある石など、基本的にあらゆるものは、その背後に霊的な力を宿しているという観念があった。物の背後に「カミ」をみた。それはもちろん、日本に限ったことでもなく、この種の汎神論的な自然観は西洋にもあった。にもかかわらず、われわれの生きている現実世界全体を、「顕の世界」と「幽の世界」の張り合わせとみる思考は、西洋の汎神論とも違っている。西洋のキリスト教的汎神論においては、そもそもこの世界を創造した主体が神なのだから、その被造物に神性が宿るのは当然であろう。

だが日本の場合、世界も人も神による被造物ではない。カミ観念や霊魂の観念は超越的絶対者からの委譲ではない。そのことが、日本人の現実感覚、もしくは世界感覚をかなり複雑なものとしてきた。現実世界が現実世界としてしっかりと固定されて、そこに実在するという感覚が弱くなり、背後にある「幽の世界」がみえ隠れするために、現実世界の輪郭が明瞭に描けないのであって、どこか、現実世界が、墨絵のように、輪郭を失って薄ぼんやりとしてくる。いずれにせよ、仏教が、このような双面構造、もしくは「二相同体」において現実世界を理解しようとしたことは、日本の死生観を論じるさいにも決して無視しえない。

そういう「二相同体性」を仏教に持ち込んだのが仏性論であった。大乗仏教は衆生は仏性をもつと述べる。くりかえせば、仏性は、すでに衆生の内にある。現実の生活のなかでわれわれはそれに気づいていないだけなのである。

もっとも「だけである」とはいうものの、これは大きな意味をもっていた。仏性はすでに衆生の内に宿っているという「一切衆生　悉有仏性」思想は、天台本覚においてとてつもない次元にまで飛翔してしまったからである。もし衆生が仏性をもっているのだとすれば、そもそも修行などする必要はあるのか。また、覚りとはいったい何なのか、という根本的な疑問がでてくるからである。へたをすればこれは仏教の根底を破壊しかねないであろう。

われわれはすべからく、すでに覚っている（はず）なのである。とすれば、現世の苦悩や生きづらさや生の痛みなどということは問題にならないであろう。生の苦の方が錯覚ということにもなりかねない。この現実世界のあらゆる出来事はそのまま肯定されねばならないであろう。覚っているはずの者が、現実の生に耐え難い苦をみていては、そもそも覚りにはならないではないか。すでに覚っているのなら、生老病死など思いわずらう必要もないだろう。しかしそうだとすると、またあの現世的・楽天的・快楽主義が大手を振って身を乗り出してくる。「これでいいのだ！」と。すべての欲望は許される。一切は許されている、死など考える必要もない。快楽的生だけがすべてである。西洋思想はそれを「ニヒリズム」と呼んだ。

だが、本当にそれでよいのだろうか。仏教は、そんな無条件の現実主義的な楽天的教義を唱えようとしたのだろうか。いわゆる「ニヒリズム」を全面的に賞揚するのだろうか。そうではあるまい。そこで再び道元に戻りたい。

世界はそのまま仏性である

道元の『正法眼蔵』のなかには、きわめて長い仏性の巻が収められている。そして仏教学者の指摘に従えば、仏性論についての道元の解釈は何とも独自なものであった、という。「一切衆生　悉有仏性」を、道元は、「一切の衆生、ことごとく仏性あり」とは解さない。彼はそれを「一切の衆生、悉有は仏性である」と読んだ。

「悉有仏性」は「すべての存在は仏性をもつ」のではなく「すべての存在は仏性である」という。一切衆生、あらゆる存在は仏性だというのである。この世界の全体が仏性だというのだ。われわれ衆生もこの世界に含まれていることはいうまでもない。とすれば、われわれ衆生は、この世界全体の担い手として、仏性の表現になっているということにもなろう。

確かにそのように解釈しなければ、この世界がそのままで涅槃である、という大乗仏教の中心命題はうまく説明できまい。だが、この世界がそのまま仏性であるなどということは、通常の意識では捉えられるものではない。それは、通常の自我が覚知できるようなものではない。ではどうすればよいのだろうか。

道元はいう。ある人は、仏性を、あたかも草木の種子のようなものとみなし、この種子が人々に植え付けられているから、時がくれば芽を出し、茎を生じ、枝葉を広げ、花を咲かせる、と考えている。しかしそれは誤りである。仏性とは、目に見えない種子から芽や茎が生じるといった問題ではない。根も芽も茎もすべて同時に生じ、同時に滅するのであり、同時に悉有なる仏性なのである。

さらに次のように述べる。「時節もし至れば仏性現前す」という。しかしこの「時節もし至れば」を、「修行しておればいつかは仏性が現れる時があるだろう、その時を待てばよい」と理解してはならない。そうではなく、「時節もし至る」とは「すでに時節は到来している」という意味なのだ。今この時、この瞬間、この瞬間が覚りの時だと思わなければならない。常に「今でしょ！」というわけだ。

時を空しくボヤッと過ごしてはならない。待っていても仏性は現れない。一瞬、一瞬、今こそがその時である、と知らねばならない。「時節の因縁」を観じて、常に、今が仏性の現前だと知らなければならない。そうすれば、この現実の一瞬、一瞬が仏性の表現となるのである。

これは大事な点で、それをはずしてしまえば、道元の仏性論の真意はわからない。仏性は、人の心のなかで種子のように発芽を待っているわけではない。この現実がそのまま仏性なのである。こういうのだ。だがそれでもまた、「悉有仏性」をそのまま平板に理解されてしまう怖れなしとしない。すると何のことはない。通俗的に理解された天台本覚のように、修行も仏道も必要ないではないか、ということになるであろう。「ナムアミダブツ」の念仏さえも不要となるであろう。すでに覚っているなら、自力救済はもちろん、極限までゆけば、他力さえ不必要になるであろう。現世的快楽主義、全面的な現実肯定主義と何ら変わらなくなってしまう。

もちろん、道元はそんなことを述べているわけではない。念のために名高い「現成公案」の、これまた名高い文言を振り返っておこう。

「自己をはこびて万法を修証するを迷いとす、万法すすみて自己を修証するはさとりなり」

自己を中心にしてすべてのこと（万法）を計るのは迷いである。対して、すべてのこと（万法）を受け取って自己を証するのが覚りである、という。自我があって世界があるのではない。世界があって、それによって自己という存在が証されてくるのである。

この「万法すすみて自己を修証する」についてはまた、次のしばしば引用される文言をみれば、道元の立場は明らかであろう。

「仏道をならふといふは、自己をならふなり。自己をならふといふは、自己をわするるなり。自己をわするるといふは　万法に証せらるるなり。万法に証せらるるといふは、自己の身心および他己の身心をして脱落せしむるなり」

これも難しい言葉である。仏道を習うということは、自己を習うことである。自己を習うということは、自己を忘れる（捨て去る）ことである。自己を捨て去るとは、この世のすべてのものによって自己を教えられる（自己を知る）ことである。すべてのものによって自己を教えられるということは、心身脱落によって、己というものを脱ぎ捨てることである。

こう道元は述べている。全面的な現世肯定とみえるものは、自己が万法に証せられることに他ならないのだ。この現実のすべてが、己を覚りに導くのである。そしてこの覚りにおいて、現実はそのまま全面的に肯定される。つまり、現世肯定は、あくまで覚りの境地においてである、といっているのだ。そしてそれは、心身脱落によって自我から徹底して離れることでもあった。「我」を滅することであった。

この境地はわからなくはない。少し通俗化すれば、たとえば、私が、あれやこれやの野心や過剰な欲望やささくれだった自意識を捨ててしまい、ただあるがままにここにいる私をそのまま受け入れたとき、そのままの私は仏性の現れと思えるかもしれない。同時に、私を取り巻き、私をあらしめているこの世界全体も仏性の表現とみえるかもしれない。

一瞬一瞬が修行

だがそうはいってもどうすればそんなことができるのか。それはたゆまない修行によるほかない。道元ほど修行を重んじた僧はいない。ただ彼のいう修行とは、何か山伏の山岳修行のような特別な荒行でもなく、叡山の千日回峰のような命がけの行でもない。それは、日常生活を正しく、常に意識を集中し、あらゆる日常の行為に全身を賭して生きることであった。また座禅を組み、瞑想にひたり、呼吸を整えることであり、その結果として心身脱落に入ることであった。釈迦もひたすら瑜伽行《ゆがぎょう》（ヨーガの修行）に励んだのであった。

それは特別なことではないが、決して誰にでもできるようなものではない。厳しい修行であることに変わりはない。この日常の生活そのものを、その一瞬、一瞬を修行とするのは、荒行とはまったく違った意味で激行ともいえよう。呼吸を正しく整えて常に静謐であるのと同様、日常生活をいつも正しく、決して心乱さずにたえず平常心で過ごすことは決して容易なことではない。

そして道元にとっては、この日常の正しい生活という修行そのものが覚りなのであった。それを「修証一等」という。覚りは、あくまで現実世界のなかの生そのものとしてある。万法と関わることのうちにある。その一瞬、一瞬を常に新たな覚りの時節として生きることなのだ。

おおよそこういうことを道元は述べているのであろう。

これは天台本覚思想とはかなり違ったものである。現実世界は、一見、そのままで肯定され受容されるようにみえるが、それは、あくまで、日常の修行と覚りを前提にしたものであった。覚りによっていわば意識転換が生じた上での現実世界の全面的肯定といってもよい。大乗仏教のもつ現実肯定は、その背後に激しい現実否定を隠し持っているのだ。

したがって、現実世界は、先ほどの『大乗起信論』が述べるように、「心真如」と「心生滅」、つまり、覚りと迷いの二重性からなる「双面構造」をもったものなのであるが、道元は、あくまでそれを「覚り」の次元で論じている。「覚り」を媒介にして再び現実に帰着するのである。

だがそうだとしても、やはり「仏性」という言葉は、何らかの実体的なものをイメージさせてしまうのではなかろうか。そこで再び確認しておくために、われわれは、仏教が本来、絶対的な存在も、確かな「有」も、永遠なるものも認めないというその根本に立ち帰るべきであろう。諸法無我、一切皆空なのである。すべては、縁起によって生起し、また消滅する。したがって、あらゆる存在には自性はない。それを大乗仏教は「空」と称した。「縁起・無自性・空」である。

もちろん、「縁起・無自性・空」と呼べるような何かがあるわけでもない。大事なことは、現実のこの世界は、同時に「縁起・無自性・空」そのものだ、ということである。「悉有」、つまりすべてのあるものは、実は「空」なのである。現実世界を、覚りの側からみれば、それは「縁起・無自性・空」となる。「縁起・無自性・空」のまさにそのなかで、それによって現実のこの迷いの世界が現象している。仏教学者の頼住《よりずみ》光子氏は、「縁起・無自性・空」を現実を作動させる「動的な場」とみているが、確かにそのように理解すればわかりやすくなるだろう（『道元の思想』NHKブックス）。それは何かある状態ではなく、それによって「現実」が産み出され胎動させられる「場」なのである。仏性とはまた真如であるが、それは、「縁起・無自性・空」という永遠の真理を言い表したものにほかならない。大乗仏教の根本が一切皆空という真理にあるとすれば、「縁起・無自性・空」をそのように理解することはできよう。大乗仏教では諸法実相という。すべての存在がそのまま実相（真如）である、という。だがその実相は、実は空相であり無そのものであって、しかも、この「無」が様々な存在としてこの世に実現している（実相）のである。

日本独特の死生観

いささか難解に響くかもしれないが、これは大事なことだと思う。仏性を、何か種子のような実体と理解したり、あたかも永遠の魂《たましい》のごとき実体と解することを道元は頑として拒否した。もしも仏性あるいは如来蔵を、あらゆる衆生の心の内に潜む覚りの可能性とみなし、しかも、それを永遠の真理として、縁起や無自性を超えてあるものだとすると、どうしても、魂や霊魂に接近してしまう。特に、われわれは、「仏のこころ」とか「仏のたましい」などという言い方をする。死ねば肉体は滅んでも、霊魂のようなものは来世へ受け継がれると考えたくなる。日本の近世に入って一般化していった葬式仏教までくれば、死者の霊は肉体を離れて最低、四十九日はそのあたりを浮遊しているのである。

しかも、天台本覚思想では、仏性をもつのは人々だけではなく、動植物はもちろん、山川草木にいたるありとあらゆる自然にまで拡大される。だから、「山川草木悉皆成仏」なのである。こうなると、仏性は、日本の古代からある自然観、カミ観念、霊魂の観念とどうしても結びついてくるであろう。いや、ほとんど類比され、そのうちに同化されてしまう。かくて、仏教は、日本的な自然観、霊魂観と習合してゆき、そこに、独特の死生観をもつことになってゆくのである。

もう一度、繰り返しておこう。釈迦は、われわれが我とか自我といっているものは、確かな実体ではなく、実は、あらゆる因縁が相互にからみあって生起したひとつの状態に過ぎない、とみた。それを真に体得することが覚りなのである。今日的にいえば、世界を、ありとあらゆる要素の相互関係的な巨大な動的システムとしてみた、といってもよい。もう少ししゃれていえば、一種の自己組織系であり、動的な平衡系である。すべてのものが、相依相即しあい、縁起をもってこの世界にかくのごとく現象したものなのである。この世界はいわば「関係の体系」なのであり、

「私」もまた「関係」の網の目のなかで、「関係」において現れ出てくる。この体系を生み出すものは、「縁起・無自性・空」という「動的な場」であり、「場の作用」なのであった。

そうであるなら、この世は固定したものではありえない。常に動的に運動している。転変流転し、万事万象は常に形を変え一瞬たりとも同一物ではありえない。「我」も同じで、確かな自己などはどこにも無く、その実相は空である。

この論理を逆からいえば、すべてが無自性で空であるがゆえにこそ、すべてのものが縁起によって相依しあい現象として顕現するともいえよう。だから、この相依しあった一切は、当然ながら世界の全体であり、そこには人も動物も自然もすべて含まれる。有情も無情もすべてを含んだ世界のこの全体が「悉有」なのであった。衆生もまたそこに含まれることはいうまでもない。衆生もまた、仮象として、すべての存在（悉有）のひとつなのである。

仏教を通して日本の死生観をみる、というのがこの章のテーマであった。だが、本書の関心からするとかなり難解な話に踏み込んでしまったようであり、肝心の死生観を少し離れてしまった。とはいっても、日本仏教のこの根底を理解しなければ、仏教的な死生観を理解できるはずもないであろう。次章では改めて死生観へと話を戻したい。

第七章　「生と死の間」にあるもの

生もよし、死もよし

前章で、道元の思想を中心にして、仏教の死生観を考えてみた。仏教の死生観は、かなり難解なものであり、おそらく世界の宗教的な思想を見渡してもきわめて独創的なものというほかなかろう。少し乱暴にいえば、死生「論」を重要な主題にしているにもかかわらず、死生「観」を論じてはいない、という思いが私には強い。私は仏教に詳しいわけでもなく、しかも、それなりの実践がなければ仏教など語ることはできないというのが本当のところだろうと思う。頭でわかったようなことをいっても仕方なかろう、とも思う。その上でいえば、どうも仏教に死生観を求めても肩透かしをくらう、という印象をいなめない。

このようにいえば、死生観を尋ねて仏教に教えを乞うてもまったく無駄だといっているように聞こえるかもしれない。しかしそれは違っている。ある意味では、これほど強烈な死生論はない。

死生観を論じない、という仕方の強烈な死生論をもっているのだ。

念のためにここで「死生観」と「死生論」を区別しておいた。われわれが、現に生きてゆく上でどのような死生観をもてばよいのか、言い換えれば、どのように死や生の意味を了解すればよいのか、という「死生観」を仏教はもっていない。むしろ、なぜ仏教が「死生観」をもちえないのか、を「死生論」として論じている。「死生観」というものが意味をもたないことを仏教は説いている。それもまた「死生観」だとすれば、そこに、仏教の独特の「死生観」（と、ここでは呼んでおく）の特徴がある。いわば「死生観なき死生観」を説くのが仏教の「死生論」なのである。

何だか、妙なレトリカルな言い方になったが、前章の道元の仏性論や『大乗起信論』のいう「心真如」と「心生滅」の二重性、すなわち、井筒俊彦のいう「双面構造」や前章で述べた「二相同体」の現実を思い出していただければ、それもさして鬼面人を驚かす類ではないことは理解していただけるであろう。

大乗仏教のもつ特質のひとつは、この現実が、覚りの世界と迷いの世界の二重性において捉えられるという点にあった。「覚世界」と「現世界」と呼んでおこう。その両者は二重になって「現実世界」を構成しているのである。

改めて述べておけば、生と死を始めとして一切皆苦の認識とその克服から出発した釈迦の仏教は、中国へ渡った大乗をへて、日本へ到達し、天台本覚思想など独特の仏教を生んだ。これは大乗仏教のひとつの帰結であるとともに、きわめて日本的な仏教というべきものであった。すべての衆生が仏性をもつとしなければ、一切衆生の救済という大乗思想は成り立たなくなるからである。

ところが、衆生が仏性をもっているのであれば、現世にあってすでに、衆生は、自らの清浄心において本当は覚っているはずである。とすれば、発心さえすれば、すなわちそのままで覚りの世界に住することとなる。かくて、この世界のありのままがそのままで覚りの世界として全面的に肯定される。仏教の出発点とこの到達点だけ比較すれば、見事な逆転劇を日本仏教は演じたことになる。

これを死生論に置き換えれば、生死一如、生死不二である。覚世界からみれば、生も死も同じなのだ。あえて論理的にいえば、生があるから死があり、死があるから生がある。だから生死は分けて理解すべきものではなく、一体として捉えるべきものとなる。この一体の境地からすれば生も死も同じである。これが生死不二の意味であった。かくて、生は生命力の充実であって、死はその枯渇である、と捉える必要もない。また、日本の伝統的思想に色濃くあるように、生の肯定とは対照的に、死を汚れとみなし忌むべきものとする観念にも何の意味もない。生もよし、死もまたよし、というわけである。花は咲くもよし、散るもよし、というのと同じことだ。

万物が相依相即しあって現成したのがこの現実世界だとすれば、人も花も特に区別はないだろう。花は何の文句もいわずに、時節がくれば静かに散ってゆく。人もそれと同じことだ。すべては、現象世界における仮の姿が描き出す文様に過ぎないであろう。

こう考えれば、生も死もない。不生不滅である。それを江戸時代の禅僧である盤珪永琢《ばんけいようたく》（1622〜1693）は「不生の仏心」と呼んだ。覚りとは、死よりも前に、生を超越することだからである。生への執着を本当に断ち切れば、生はもはや存在しないも同然となる。それが不生であり、そこに永遠の仏の心があり、この永遠の仏の心からすれば、生も死もない。実際、如来は不生不滅なのである。

確かにこういう禅僧のような境地にたてば、生死一如から現実の生死を改めて達観することもできるかもしれない。現実にあって、生に執着することもなければ、ことさら死を恐れる必要もないであろう。病気になればなったまま、衰弱すれば衰弱したまま、体が動かなければ動かないまま、そのままで仏心の現れなのである。かくて「空」に身をおけば、「死に方」など考えるまでもない。そんなところに作為も合理も働かない。「死に方」もなにもない。「死ぬる時節には、死ぬがよく候」とは良寛（1758〜1831）の言葉だが、これこそ仏教の死生観の典型である。

こちら側の意識が徹底して変わればよいのである。すると、この現実の実相がみえてくる。「生死自在」であり「生も死も自然のまま」であって、どんな形の死でもあり得るだろう。よい死に方も悪い死に方もない。そこに「合理的な死に方」などという詮索が入る余地はないだろう。

確かに、これは実にユニークな死生観といわねばならない。ひとたび、「覚世界」に身を置けば、この「覚世界」が放つ光に照らし出されたかのように、この「現世界」のあらゆる事柄が、仏性の現れとして、肯定されるからである。現実のすべては仏性なのだ。だからこそまた、覚ったからといって、決して死の恐怖がなくなり、老病の苦がとり去られるわけではない。心やすらかに死を迎えるなどというものではない。こういう迷いの世界が、迷いのままで覚りの世界だというのである。道元が解釈したように、「悉有は仏性である」とすれば、この現実のあらゆる事柄は、そのままで仏性であり真如である、ということになる。死を厭う気持ちもまた現実なのである。江戸時代に博多に住んでいた仙厓《せんがい》（1750〜1837）という禅の高僧の臨終の言葉は「ほんまに、ほんまに、死にとうない」というものであったそうだ。

この「現世界」においては、人は最後まで迷いのなかにおり、不覚のままである。そして、そのことはそのまま受け入れるほかない。ただそれは、この「現実世界」が、「現世界」と「覚世界」の「二相同体」であることを知った上でのことである。道元は「生死のなかに、仏あれば、生死なし」といったが、これを少し言い換えれば「仏あれば、生死なしのなかに、生死あり」といってもよかろう。生死一如の中にこそ、生と死があるのだ。どちらからいってもよい。生死即涅槃だからである。空あるいは、無相のなかに生や死の苦しみがある。

だが、そうはいっても仏道を極めれば本当に生死一如などと思えるものであろうか。それは私にはわからないが、生の執着、死の恐怖という苦からの解放を求めた仏教が、このような境地の高まりへと苦を昇華させようと試みたことは間違いない。そしてこれは西洋近代的な思考とはまったく違ったものであった。

「間」は「無」であり「空」

西洋文化は、少なくともその中心に、二元的で二項対立的な合理性を打ち立て、あらゆる存在を名付けて明瞭に弁別し、それぞれを差異化させて特徴づけようとした。仏教からいえば「分別知」そのものであり、「心生滅」である。そしてこの現象のレベルでは、言葉によって名指しされ分別して理解することが、それが指し示す存在そのものの分節をも意味する。それを井筒俊彦は「意味分節・即・存在分節」といっているが、いずれにせよ、言葉によって存在を区別することで、存在の意味を了解しようとする合理的思考が西洋文化の核をなしている。

このような文化にあっては、生と死は対立し、存在と非存在は対立し、自己と他者は対立し、創造者と被造物は対立し、超越世界とこの現実世界は対立し、彼岸と此岸は対立し、魂と肉体は対立し、生命体と無機物は対立し、有と無は対立する。死生論でいえば、生と死の間には厳然たる一線が引かれなければならず、私と他者との間にも厳然たる区別がなされなければならない。生きていれば死んではいない。死んでおれば生きてはいない。当たり前のことである。Aであれば非Aではない、という排中律を信奉する西洋の思想文化のなかで、生も死も同じだなどといってもまったく通用しない。生きながら死ぬという密教の即身仏などというものも、西洋近代の思想の中心からすれば想像を絶する異形であろう。

それに対比させれば、大乗仏教の日本化にあっては、生と死は対立しない。我と彼とも対立しない。彼岸と此岸も対立しない。そもそも一切皆空であれば、AとBとを実体的に対立させることなど意味がない。人間と自然も対立しない。生死即涅槃であれば、あらゆる形の生も死も肯定されることになる。この即自的で無条件の肯定の様相こそが、仏性なるものの現れであった。

それゆえ、最終的に帰着するところはといえば、苦に満ち、煩悩に満ちた現実の生や死そのものを、われわれの心を汚染している「根元的無知（無明）」のなせるところと知り、現実の仮象を実在と思いこむ妄心から自らを解放することであった。そうすれば、眼前の現実世界（現世界）は真には存在しないことを知り、ありのままの対象世界の非存在（空）を覚ることができる。この空の上において世界の存在はそのままに姿を現わしてくる。この真如を深く体得することこそが、現実の生と死をそのまま受け入れることになるであろう。こうして現実の生と死のただなかにありながら、現実の生死を乗り越えることができよう。

この理屈はよくわかるのである。理屈としてはわかる。しかし、それを本当に体得できるかと問われれば、たいていの者は、首をうなだれるほかなかろう。そもそも、理屈でわかってもしょうがないのであろう。

私は、天台本覚思想を基盤にした日本仏教を、たいへんに深い境地であると思う。その背後には、法華経、華厳経、維摩経、大般涅槃経、それに密教などがあり、また、本覚思想を批判する道元の思想にせよ、法然から親鸞への浄土教の流れにせよ、法華に依拠した日蓮（1222〜1282）にせよ、あくまで本覚思想を経由したものであって、たとえば、本書でも述べてきたように、道元の死生観は、死生観としては大乗仏教のひとつの極点であるとも思えてくる。

しかし、それが極点であり、極限の知であるのは、実は、「生と死の間」をいっさい論じていないからではなかろうか。生死一如、不生不滅、生もなければ死もない、というのでは、「間」の入る余地はないではないか。「生」と「死」が「即（あるいは一如）」によって張り合わされれば、それを隔てるとともに結びつける「間」がない。生死の「間」がないということは、「死に方」を論じる余地はない、ということである。「死の意味づけ」や「死に方」は、生から死への移行の話であって、生死の「間」の問題なのである。その「間」がなければ、ここには本当の死生観などないのではないか。そもそも「死生観」とは、まずは「生」と「死」を切り離し、次にそれをどのように関連させるかという問題ではないのだろうか。

こういう疑問がどうしても浮かんでくるのである。仏教の死生観は実は反則ではないのか、という気もしてくるのだ。

いや、それは正確な言い方ではないだろう。実は、「間」はあるともいえる。それどころか実はしっかりと「生と死の間」を論じている。それどころか、それを独特のやり方で論じるところにこそ仏教の本質があるというべきであろう。ただし、それは「間」とは意識されないようなやり方なのである。それはいわば「間」を消し去るような「間」だからだ。

ではこの「間」とは何なのか。

それは「無」であり「空」である。「生」と「死」の間には、実は、一切皆空、という真理が差しはさまれている。この「間」を空・無であると知ることが覚りなのであった。「生」と「死」

の間のわずかな隙間にはおそるべき深淵が広がっており、この深淵を、諸法無我、一切皆空として体得したときに、「生」と「死」の間のわずかな隙間は一挙に埋められ、生死一如となる。「間」に「空」を差し挟むことによって生と死は一如となる。生も死も「空」あるいは「無相」というわば絶対的な接着剤で隙間なく張り付けられているようなものである。だからここでは「間」が抜けているのでもなければ脱落しているのでもない。「間」こそが、生死をひとつに合わせているのである。

そして「間」を空・無であると知ることは、生死一如の覚りの世界と、生死が分別で切り分けられる現象世界（迷いの世界）の「間」が埋められるということなのだ。覚りにおいて、この現実世界は同時にまた「悉有が仏性」の世界として現れてくる。まさに「二相同体」として現れてくる。この時、死も生も同体となる。

これは明らかにひとつの死生観というほかない。独特の死生観である。あまりに独特である。通常の意味での死生観を無効にしてしまうような究極の死生観であった。

生と死の間に無常

とはいえ、もっと現実に即してみると、実際には覚りの境地をこの現実のなかで体得できるものではなく、人は、ただ不覚のなかにあって迷える存在である。そうだとすれば、この「間」は実際には決して埋まらない。「生」から「死」へどのように移行すればよいか、という問題がまたでてくるであろう。この「間」に現世の苦がまた押し寄せてくる。生は思い通りにならないものであって、しかも死は恐ろしい。死の恐ろしさから逃れるために、人は、現世の快楽や愉楽や利益によって死を忘れようとする。にもかかわらず、それでもやがて老と病がそっと後をつけてやってくる。迷いの現実に戻れば、どうやって「生」と「死」の「間」を埋めればよいのだろうか。

仏教では、その時に、まさに「浄法」たる真如からのはたらきかけが起こる、という。無明によって心が汚され、われわれは真如を知ることができない。そのために、妄心によって生にこだわり死を厭う。その結果として生死の苦にさいなまれる。だがその事実こそが、われわれに、涅槃への深い希求を、つまり苦から解放された静寂の境地を希求させるのである。こうした希求が、われわれの内にある仏性（真如）にはたらきかける。この時、われわれの清浄心は、真如をわれわれのうちに見出し、こうして、われわれは現前の対象の「無」（非存在）という真理を知るべく修行に励むであろう。『大乗起信論』にはこういうことが書かれている。

ここで面白いのは、現実世界にあって、われわれは、どうしても死を厭い、生死の苦にさいなまれているのであるが、まさにそのことが発心の契機になる、ということである。

何といっても、やはり死は恐怖である。いや徐々に死へと近づいてゆくこのプロセスが恐怖なのである。生と死は直結しているのではなく、その「間」に老と病がある。生がやがて老と病に移り行き、やがて死にいたるという苦に先駆的に思いをいたし、それから逃れるすべはありえないことを知るほかない。病気も老化も、こちらの意思ではどうにもならない。どれほど抵抗しても向こうからやってくる。そして、自らの思い通りにならないことこそが「苦」であった。とすればこの現実は、どうにもならない苦そのものというほかあるまい。

しかし、それを知った時にこそ、われわれは、人の生のはかなさを知り、逃れえない死を諦念をもって受け入れるほかないであろう。老いは人の生の常ならざることをいやおうなく知らしめる。一切は無常というほかない。諸行無常である。そしてその無常に付き従うほかない。そのことがやがて発心へと導くのである。

道元も似たようなことを述べている。そもそも道元が出家しようと決意したのは、母の死に人の世の無常を強く感じたからであった。『正法眼蔵随聞記』（三ノ十一）にも次のようなことが書かれている。

どうすれば覚りを得ることができるのか、というある修行者の問いに対して道元は次のように答える。何よりも切実に覚りを求めなければならない。そして、志を起こせば、ただただ世間の無常を想わなければならない。それは目の前に展開されている道理である。朝に生まれて夕方には死ぬ。昨日会った人が今日はもう死んでいる。また、明日にでも、あるいは次の瞬間にでも、どのような重病にかかり、激しい苦痛にさいなまれ、いかなる鬼神の怨念をえて死ぬかもわからない。かくていつ死ぬかも知れないはかない人生をいたずらに過ごすのは何とも愚かなことである。ひとことでいえば「無常迅速、生死事大」である。

こうして、現実の生は無常に覆われている。いや、この現実世界は無常そのものなのである。すべての存在は、決して常なるものではない。釈迦も述べたように、生あるものは必ず死する。それから逃れることは決してできない。それを知る時、無常は必然の道理となる。生ははかなく死は駆け足でやってくるからこそ、無常感は強烈にわれわれの心を揺さぶる。この無常感が深ければ深いほど、人は、覚りを得ようと切実に修行に励むであろう。

ここで「生」と「死」の「間」には「無常」が差し挟まれているのだ。「現世界」に視線をやれば、「生」と「死」の「間」に「無常」がある。人の生が一瞬で断ち切られたり、また老や病に侵され、容貌も変わり身体も衰え、死がやってくる。すべてのものは変転してゆく。それを仏教は「無常」と表現した。「無常」はもちろん、人の死だけのことではない。一気に咲いた花は実に儚く散ってゆく。流れゆく河の水に浮かぶ泡は消えては現れ、現れては消えてゆく。秋の夕べの紅葉は枯れ落ちて何もない。こうした自然の風情に人の生死を重ねて無常の道理を感受するのが日本人の流儀であった。

生死一如、不生不滅などといってもやはり現実はそうはいかないのである。覚りと迷いの「二相同体」としての「現実世界」といっても、迷いが一気に覚りへ転換できるわけもない。その時、覚りの世界からみれば迷いの現実は、無常の世界とみえるだろう。そして、迷いの世界に生きる者は、徹底的に無常の道理を知り、修行に励むことで、覚りの世界を遠望する。ここで修行というのは何も特別なことではなく、自身を律し、行いを正し、生を無駄に過ごすのではなく、その一瞬一瞬を生き生きと充実させることである。いまこの瞬間を真剣に生きることが覚りの世界に通じるのである。

もし仏教が「死生観」というものを説くとすれば、それは、いわば「死生観なき死生観」である、と私はいった。その意味は、おおよそわかっていただけただろうと思う。この現実世界がまた同時に覚世界であるとする日本の大乗仏教の「二相同体」的な世界理解においては、覚世界からすれば、現実は、ある意味では、何でもありということになる。現実はすべて相対の世界であって、多様な死があるだけである。「死に方」などわざわざ論じる必要はない。恐怖があれば怖がって死ねばよい。もがき苦しみながら死ねばよい。あらゆる死はただ死であるだけなのだ。そして、死後など考える必要もない。それは「無記」であり、また、生死一如からすれば、死後世界などにこだわる理由もないからである。

だが、繰り返すが、生も死も「何でもあり」なのは、「心真如」、つまり覚りの心にあるからであった。「何でもあり」とは、言い換えれば「ありのまま」である。ありのままにすべてが肯定されるのは、自我や私欲や執着を徹底して排し、自らの心の底へと降りて清浄心へと向かうからであった。欲と快楽と損得にまみれた凡夫が「何でもあり」というわけではない。大乗仏教では、人間の心の本質は清浄（心性本清浄）であり、そこで真如に触れる、というのである。日々のなかで、その時その時の生を充実させれば、もはや生死にこだわる必要はない。生への執着は薄れ、死は時が訪れれば向こうからやってくるだけだ、ということになろう。良寛の「死ぬる時節には、死ぬがよく候」である。

この「死生観なき死生観」というべき独特の死生観には確かにある魅力が備わっている。しかもそれは、仏教特有の世界観、宗教観からきている。繰り返していえば、それは、この「現実世界」を「覚世界」と「現世界」の「二相同体」として捉える、という点であった。

だから、仏教の死生論はふたつの次元をもつことになる。「覚世界」から「現世界」をみれば、「現世界」の生も死も仮象であり、その本質は生死一如、生死即涅槃である。生と死の間は「空」や「無」によって埋められている。だがまた、「現世界」の方から「覚世界」を遠望すれば、生も死も苦であり、この間には「無常」が横たわっている。だからこそ修行や発心が生じるのである。「無常」が「無」へ至るかどうかは修行しだいであろう。

もしも道元のように、修行そのものが覚りだとすれば、この「現世界」の「無常」こそがそのままで常住だということになる。「無常」は「無常」のままで永遠に有り続けるのである。だから、無常の生死をまるごと認めてしまうのだ。生死の世界にあっては、生ははかなく死はつらい。無常は迅速であり、生死は事大（大事）なのである。それをそのまま認めるほかない。しかし、その背後には、あるいは無意識のうちには、この世界のすべては、縁起であり、無自性であり、空である、という真如を知る智慧が宿っている。

生や死をそのまま受けとめる

さて、ここまで述べてきて、実は私にはもうひとつ気になることがある。もともと私が仏教の死生観に関心をもっていたのは、生死を超える覚りによる涅槃を説く仏教には、霊魂というような死後世界の観念は存在しないと思っていたからであった。死後世界のことなどもちろんわからないにしても、私は、基本的には、死後の霊や魂というものは存在しない、と思っていた。死後世界はいうまでもない。そんなものは存在しないと思うことにしていた。いや、今でもそう思っている。死ねばすべては「無」へ帰する。何もない。

理由は簡単で、自分があるとかないとかという話は、人間の意識状態（無意識も含めて）において成り立つのであって、個人の意識状態が肉体的・物質的なものと切り離せないとすれば、霊魂であろうと何であろうと、死後に自分の何かがある、などという言い方が意味をなさないからである。だから、死ねば「無」に戻る。それでいいではないか。実に結構なことだ。いや、もしも救いといえるなら、この「無」へ戻ること自体が救いではないか。死後世界や死後の霊などがもしあるとすれば、それが再びこの苦の世に関わってきてやっかいなことになるではないか。

こう考えていた。生が様々な苦に満ちているのなら、死という「無」へと戻ることは苦からの脱出である。そもそも人は「無」からでてきて「無」へと帰ってゆくだけだ。これは別にすばらしいとはいわないまでも、ただただ当然のことであろう。いやそれがむしろ「救い」というものであろう。それが私なりの死生観であった。

だから、私が仏教にある親密感をもつのは当然であった。実際、仏教においては、人間の意識も肉体もすべて「五蘊仮和合」によってたまたま成立しているに過ぎない。肉体は消滅して意識だけが残るということもありえない。死ねばすべてバラバラになって地水火風といった要素に戻ってしまう。あるいは、大乗仏教がいうように、五蘊も皆空で、要素もなくなってしまう。現代風にいえば、一種の無定形のエネルギー状のものに帰してしまう、といってもよいだろう。これは唯物論を飛び越えてしまった究極の唯物論といってもよい。物質の単位を分解してゆけば、究極のところ、質量も姿を消した非物資的なものへ行きつくというのは、今日の量子論とも響きあっている。唯仏論はどこか唯物論と通底しているのかもしれない。

今でも、この私なりの暫定的死生観は変わっていない。基本はそうなのだが、しかし少し違った方向で考えることもできるのではないか、という気もしてくる。

前述のように、死後の霊や魂を信じる日本の伝統的な死生観は、外来思想である仏教と出会って、ある意味ではまったく異なった死生観に直面した。そしてどうなったか。日本の死生観が衰退するというよりも、むしろ、仏教的な徹底した唯物的死生観の方が変形され、両者の混融が漠然とであれ行われたといってよい。経典のレベルで突き詰めたわけでもなく、いつの間にか、仏教の側も死後の霊魂のような観念を取り入れて、後の葬式仏教へと移行してゆく。

もちろん、もともとの仏教にあった輪廻の観念が、その本来の意味とは違った形で、日本の伝統的な死生観に内在していた死後世界と重ねあわされたという事情もあろう。また、源信の『往生要集』に描かれた死後世界のおどろおどろしさも一役かったのであろう。地獄絵が恐ろしければ、それだけ極楽浄土は美しい。これもまた死後世界の姿なのである。

しかし、浄土教が描き出す極楽浄土は、いまだ究極の解脱ではない、とされる。いわば、自動車教習で仮免許をもらって一般道に出かけた段階に過ぎない。衆生は、極楽浄土で最終的な修行をへて涅槃に赴くのである。とすれば、死して後、魂は、ひとまず極楽浄土に落ち着くことになる。だがいったい、この場合、「落ち着くもの」は何なのだろうか。肉体でないとすれば、魂とか、いのちとかいうより他ないようなものであろう。とすれば死後世界は存在することになる。

こうした観念は衆生に向けた一種の方便だといってよい。しかし、だからといって間違っているとか無意味だというわけにもいかない。

いや、それ以上に、仏教の内に、魂のような何かを想定したくなる要素があったのではないか。それはいうまでもなく、前にも述べた「仏性」概念であり、さらにいえば永遠の真理である「真如」の観念であり、それが大乗仏教の核をなしていたからである。「永遠の」何かを想定するとしたのである。

仏性を前提に考えた場合、実は、仏教が到達した生死一如からすれば、ある意味で、永遠の霊性を肯定することともなるのではないだろうか。

生も死も区別することはできず、その根底にあるのは、ただひとつの「真如」という永遠の真理であるとすれば、個人の肉体は消滅しても、その消滅それ自体がひとつの仮象であり、錯覚であり、現象でしかないからである。「死によってすべてが消滅する」ということもまた錯覚であり仮象である、ということにもなろう。死をもっていっさいの消滅であり無である、と思い込むこともまた錯覚かもしれない。なぜなら、ある存在が生きた状態から消滅した状態へ移行するという考えそのものが生死一如に反するからである。生あるものは滅するというが、それは生死一如からすれば必ずしも適切ではない。生から死へ移行するのではない。本当は、生もなく滅もない（不生不滅）のである。

死も生も同じだとすれば、死はまた生だということになる。戦争中に特攻を志願した青年の多くが「死して生きる」といった。この精神は、奥深いところに、生死一如の観念を抱懐していた。死と生はひとつの合わせ鏡のようになっている。とすれば、生きようが死のうが、そこにある種の霊性が想定されることになろう。伝統的な日本の死生観では、死しても生きるものは霊魂であり「たましい」であった。それを仏教に即していえば「仏性」である。死しても、「私」や「己」を超えた「仏のこころ」が作用し続けている。こういう思考が生み出されても決して不思議ではない。

『法華経』によれば、釈迦は紀元前5世紀ごろのインドに生きて死んだのではなく、本当は永遠に生き続けてきた久遠の仏だという。一見奇妙に聞こえるが、ある意味ではもっともなことで、もしも釈迦の教えが至高の真理だというのならば、それは永遠のものでなければならないからだ。姿かたちが問題なのではなく、真理は釈迦の生身を超えた永遠の「法身」であり、そこに永遠の生命、あるいは永遠の作用がある。

　如来であれ菩薩であれ、具体的な姿は常にある方便をもっているだけである。阿弥陀如来も、永遠の真理がただ具体的な姿をとった「報身」であり、また、この真理は、それぞれの衆生に応じて多様な菩薩などの「応身」として現れる。釈迦自身も「応身」であった。だが、本質は永遠の「真如」であって、それは時間も空間も超えている。一乗妙法といってもよいであろうが、すべてを絶対的な永遠の真理（法）のもとへと組織しようという意思が『法華経』にはある。

　この永遠の真理は、時には仏性といったり、仏心といったりするとして、それが永遠に人々のこころを動かす。こういう思考もでてくるであろう。「死して宇宙の永遠のなかに帰す」というような意識もありうるであろう。『法華経』の信者であった宮沢賢治は、死して人はあたかも星になるかのように宇宙のなかへ溶け込んでゆく、という感覚をもっていた。死んで肉体は滅びても、何か生命的なものは残る、という考えもありうるであろう。そのような意味で「死後の魂」なるものを語るとすれば、それまで否定する気には私はならない。

　しかも考えてみれば、死後の霊魂や魂という言い方もまた、「生と死の間」のひとつの表現ではなかろうか。なぜなら、霊魂や魂という言い方は、一方では肉体の死をいい、他方では、実質的な生の永遠を述べているからである。生から死へと移行し、さらには死から生へ移行するさいに、生そのものでもなく、死そのものでもない霊魂というものが立ち現れる。「生」と「死」の間に永遠のものが現れる。生者が死者へと移りゆくその一瞬に「永遠の魂」がかいまみられる。

いや、この永遠の魂が、生と死とを結びつけるのである。

その意味で、永遠の魂とは、ある意味では、生（現世の生）と死（肉体の消滅）の間ともいえよう。般若系の仏教では、この間に「空」が差し挟まれることで、生と死は一体化され、生死一如となると先に述べたが、ここでは「空」の代わりに「永遠の魂」が差しはさまれ、この「魂」によって生と死が一体化されている。

もともと「空」はサンスクリット語の「シューニャ」であり、これは内部が空洞のものが膨張してゆく状態を表している。いわば風船が無限に膨らんでゆくようなものであった。日本語の「からっぽ」という「空」のイメージとはだいぶ違っている。だから、生も死もあらゆるものをすべてを飲み込み、その上で実体をもたずに永遠に膨張してゆくような運動を「空」とみれば、この永遠の運動をまた「永遠の魂のはたらき」と表現してもそれほど違わないのかもしれない。

仏教においては、たとえば「無（空）のはたらき」がこの現実世界の生死を生み出す。日本の伝統的死生観では、「永遠の魂のはたらき」が現実の生死を生み出す。これはまた、磯部忠正（第四章）のようにいえば「根源的な生命（いのち）のリズム」である。それを「根源的な生命のはたらき」といってもよいだろう。「空」において生と死がある、というのと、「永遠の魂」において生と死があり、「根源的な生命」において生と死がある、というのと、何か決定的な相違があるのだろうか。そこに仏性＝真如の観念をもってくれば、仏性とは、一方では、徹底的に無自性であり空であると同時に、他方では永遠の真如としてすべての人の内に宿るものでもある。

いずれにせよ、現世の生は、そのままでは死へと一気にジャンプできない。死んでも生は魂（あるいは仏性）として残るのであり、生は、みずからを魂として保持することで死へと移行するからである。

およそ永遠の霊魂などというものを認めないはずの仏教が、そのひとつの到達点で、逆説的に、永遠の霊的なもの、永遠の生命的なものを暗示するのは私にはたいへん興味深く思えるのである。「空・無」と、「永遠の魂」や「永遠の生命」と呼びうる霊的なものとは、案外と近いようである。

しかも、仏教では、この「永遠の真如（仏性）」の世界である「覚世界」と現実そのものである「現世界」は重なり合っている。「二相同体」であった。同じように、伝統的死生観が暗示する「永遠の魂」もまた、どこか超越的な別世界にあるというよりも、この「現実世界」と同居している。だから、平田篤胤が述べたように、われわれの現実世界は、「顕の世界」と「幽の世界」の張り合わせなのであった。それをそのまま「二相同体」とみるわけにはいかないだろうが、いずれにせよ、われわれの生きているこの世界は二重構造をなしているのだ。これもまた一種の「双面構造」になっている。「覚世界」や「幽の世界」からみれば、生も死も変わりはない。仏性や魂が、生として現れるか、それとも死として現れるかの違いに過ぎない。

しかし、「現世界」あるいは「顕の世界」にいる現実のわれわれにとっては、生死は大問題である。それも事実である。だがその場合、現実世界のなかにありながら、この現実が「二相同体」であり、二重性をもっていることを知れば、生や死をそのまま受け止めるほかない。苦は苦として、悲しみは悲しみとして受けとめればよい。そこに、無常やあわれやはかなさという情緒もわき上がってくるであろう。現世をいとおしみ、よりよく生きようともするであろう。現世への諦念が同時に生への活力にもなるであろう。

かくて、死後世界や魂があろうがなかろうが、現実世界を二重の構造とみることで、生も死も可能な限り自然なもの、当然なものとして受けとめようとしたところに日本の死生観の特徴があったのではなかろうか。生も死も「自然なもの」としてみようとするこころの働きがここにはある。生は生のままでよい、死は死のままでよい。こういう観念があった。この観念を可能としたのは、現実のこの世界を「二相同体」の二重性においてみるという思考であった。そしてこの二重性の両者を変換可能とみて相互に行き来できる通路をうみだしたところにまた日本的な思考があったのではなかろうか。

生者は死者から何かを受け取る

さてもう一点、述べておきたい。仏教は、生と死とを論じたことは間違いない。しかしその場合、生者と死者を果たして論じたのであろうか。確かに、覚世界に身をおいて、生死一如と覚ってしまえば、生者も死者もわざわざ区別する必要はない。

しかも、覚りの焦点が、生死の苦からの解脱に向けられ、この向こう三軒両隣の世間からの脱出を目指した修行者を範型とすれば、具体的な生者と死者の関わりは直接の関心事にはならないであろう。釈迦が死んだ時、弟子たちはたいへんに悲しんだ。だが釈迦は、私の死にかかずらうより、そんなことはうちやってただただ修行に励めといった。弟子たちは基本的に出家者なのである。

しかし、われわれの生きているこの現実世界はそうではない。出家者ではない。死者には、多くの場合、家族も友人も知人もいるだろう。その死を惜しみ悼む者もいるだろう。だから、この現世界に身を置けば、生者と死者はまったく切断されるわけでもなく、また、生死一如のごとく一体となっているわけでもない。死者は、残された近親者に何かを残そうとする。若き日に命を散らした特攻隊員は、「死して生きる」といって、何かを残そうとした。自らの死そのものの意味を、死を超え出た何かによって残そうとした。それが象徴的表現をとったのが靖国である。

いや、死者がどうあれ、生者は、死者から何かを受け取ろうとする。何かを受け取ることで、死者を自らの内に取り込む。死者からその死を超えた何かを受け取り、自らを、その限りでそれに一体化しようとする。それを「仏性」というような抽象的言葉で置き換えることはできない。

東日本大震災では近親者のおびただしい悲惨な死を多くの人が経験した。そして、彼らは、それぞれ死者から何かを受け取った。奥野修司氏の『魂でもいいから、そばにいて』（新潮社）で報告されているように、説明不能な霊的体験をした人も多数いる。それは抽象的な「仏のたましい」ではない。具体的な親兄弟、子供、近親者の霊である。いつまでもその「ぬくもり」が消え去らない親しき者である。そして多くの人は、死者から何かを受け取ることで、再び生きる気力を取り戻したり、ある心理的な安堵を得たりする。

ここでも私は、魂や霊が存在するかどうかを論じようとしているわけではない。あろうがなかろうが、ここに、生者と死者を媒介するものとしての何かをわれわれは必要とし、それに対して、われわれは「魂」という名を与えたのである。これは実証主義の扱う問題ではない。また宗教の問題でさえもない。生者にとって、死者はその死とともにいずこへか消え去り、消滅するものではないのである。死者もまたこの「現実世界」にあって、生者とともに共存しているのである。そしてそのために、われわれは、「覚世界」や「幽の世界」を持ち出さざるをえなかった。「現世界」と「覚世界」が同体であるとし、「顕の世界」と「幽の世界」が重なっているとすることで、両者を往来できるようにしたのである。それは、われわれ衆生が生と死をかろうじて結びつけ、死者を手元にたぐり寄せておくか細い方策であった。

生者は、自らの生の意味や生の倫理を、しばしば死者から受け取ろうとする。それはまずは近親者や親しい友人の死からでもあろう。柳田国男が祖霊といった時には、ある道徳観のありかを暗黙のうちに述べていた。「家」という私的領域に死者への親近感を求めたのであろう。少し前までは、ご先祖様に恥ずかしくないようにせよ、などといったものであり、先祖の墓に手を合わすことはある種の倫理的な感覚を発生させるものであった。葬式仏教の時代になってからは、親の命日に仏壇や墓で手を合わせることそのものが、ある倫理的な形状になっているのである。

もちろん、今日、先祖感覚もきわめて弱体化し、墓の前で手を合わせる者も少なくなった。しかしそれでも、親しい者の死は、残された者に必ず何かを残してゆく。死者は死してなお生者に何かを語る。死んでゆく方は、死ねば一切は無であり、それでいいのだ、などと思っていても、残された生者は、死者から何かを受け取ろうとする。特に、ある志をもって死んだ者や悲劇的な死を迎えた者を前にすれば、生者は、居ずまいを正し、自らを省みたくもなる。そこにある種の倫理観のようなものを感じ取る。

時にはそれは死者に対する生者の負い目となることもあろう。あるいは、生命力の源となることもある。襟を正すといった倫理的態度にもなる。『菊と刀』の著者でアメリカの文化人類学者であるルース・ベネディクト（1887～1948）は、日本人の道徳観の源泉を世間に対する恥の感覚に求めているが、日本人には死者に対する罪の感覚がないわけでもない。あの戦争における戦死者に対して思いをはせたとき、その個々人をまったく知らなくとも、われわれは、ある独特の精神の緊張を感じ、いささか丸まった背筋を少しは伸ばそうとする。戦後をのうのうと、あるいはへらへらと生きることへのどこかしら罪の意識のような感覚がわきあがってくる。こうして、生者と死者は、「魂」の交感をする。「魂」が、生者と死者を媒介している。

これはもちろん、何か特別なオカルト的な与太話でもなく、神秘主義への扉を開くようなことでもない。しかもそれは、本来の仏教が暗黙裡にもっていた、一切皆空の思想とも矛盾するとも思われない。すべてが空であり無であるとすれば、魂などという存在を想定する余地はない。覚世界に身をおけば、生も死もない。不生不滅であって、もちろん、魂などという実体を持ち出す必要もない。

しかしまた、覚りの世界ならぬ迷いの世界にあれば、生と死の間には、大きな断層がある。それを媒介して生死の関係を安定させるものがなければならない。覚りの世界にあっては、生と死という抽象的な概念で捉えられたものは、現実の世界にあっては、生者と死者である。そして生者と死者を媒介するものは一方では生死一如の「空」や「無」であり、他方では「魂」や「いのち」なのではなかろうか。伝統的死生観と仏教が出会った時、日本の宗教的な心象はこの両者を用意したのではなかろうか。

第八章　「死」とは最後の「生」である

人間だけが死ぬことができる

本書は現代における「死に方」から始めた。今日の先進国では、多くの場合、人は最後の時間を病院で過ごす。そうではない場合でも、自宅であれ終末期の施設であれ、病気で身体の自由を失い、家族、看護師、介護士などの世話になりながら最期を迎えるのが大半である。自分の意思も身体も自由にならない本人にとっても相当な苦痛であるだけではなく、これは家族にもかなりの負担を強いることになる。

そこで、安楽死や尊厳死といった課題もでてくるし、自死という選択もでてくる。しかし、今日、われわれは、そのいずれに対しても有効な態度決定をなしえない。とくに、尊厳死の場合には、積極的であれ消極的であれ、家族や医療関係者の関与がなければ不可能なので、話はかなりややこしくなる。

一方、自死は本人が選択して実行してしまうのだから本人の自己決定でよいではないかとも思えるが、これも実際にはそれほど簡単ではない。たいていの場合、人はただ自分一人で生きているわけではないからである。自死であっても、家族や知人を説得するのはやはり難しいし、それに死後の後始末はいずれ家族なり知人なりがやらなければならないであろう。だから、「どうせ死ぬときは一人だ」とわれわれはよくいうが、文字通り、「完全」に一人で死ぬことなど不可能である。

本書は、こうしたかなりやっかいな問題を、まずはいくつかの事例や書物を参照して論じてみた。「まえがき」でも書いたように、実は、第一章と第二章の安楽死問題は、2018年に雑誌『新潮45』に書いた原稿を収録している。特に、ヨーロッパにおける安楽死に関する宮下洋一氏の報告をもとにしている。これはあくまでヨーロッパの事例であった。

ところが、その後、多系統萎縮症（MSA）に苦しむ日本人女性がスイスで安楽死を遂げるという事例が発生した。それもまた宮下洋一氏が報告しているのだが（『安楽死を遂げた日本人』小学館）、今回は、安楽死に至る一部始終をNHKが放送した。相当にショッキングな内容で、賛否はあるものの大きな反響を呼んだのも当然であった。

この女性は、まだ自分の意思が伝達でき、スイスまで行くことのできるうちに、スイスの「ライフサークル」という自殺幇助団体の助けをえて安楽死を遂げようとする。最大の難関は肉親である二人の姉であった。姉たちは当然、反対する。その姉たちを説得してこの女性はスイスまでゆく。最後は、点滴によって致死量の薬品を投与された女性は、わずか数分で眠るように死んでいった。二人の姉が彼女を看取った。とても涙なしにみることのできない映像であったが、この映像をみていて、私は、何ともいえない、人間の生と死の崇高さのようなものを感じた。それは、すばらしいとか気高いというような意味での崇高さではないが、何か、無念と諦念と絶望を潜り抜けたその先にある救済のもつ静謐な厳粛さといったものであった。死が唯一の救いである、という厳然たる事実をみたような気がした。

そのとき思い出したのは、ハイデガーが次のように書いていることであった。人間が「死すべき者」と呼ばれるのは、人間だけが死ぬことができるからだ、と彼は書いている。死ぬのは人間だけである。動物はただ生命を終えるだけである、と。

この映像をみたとき、どうしてハイデガーのこの言い方を思い出したのだろうか。確かに、動物は「死なない」。ただただ自然と生命を終えるだけである。だが、人間は、自らの「死」を自ら思考する。自らの死の意味を考え、「死に方」を考える。どのような死に方をするにせよ、そこには、死の方へ向けた意思がある。それをハイデガーは、「人間だけが死ぬことができる」と書いたのだった。安楽死（ユウサナシア euthanasia）のもととなったギリシャ語「エウタナーシア」は「よい死に方」を意味するそうである。

ギリシャでは、いかに生きるのが「よい生」であるかがたえず問われた。哲学者のひとつの仕事は、「よく生きる」とはどういうことかを論じる点にあった。そのギリシャで、「よい死に方」

を問うたのは面白い。「死に方」もまた「生き方」なのである。いやそれどころではない。しかも別にギリシャにこだわる必要もない。確かに、「死」とは、最後の「生」であり、「生」の頂点であり、その到達点ともいえる。「よい生」にこだわる者が、「よい死に方」へと生の最後の精神の緊張を向けるのは当然のことであった。「生の尊重」というなら「死に方」も尊重されなければならない。

ハイデガーのいう「死すべき者」とは、いうまでもなく「死すことのない（インモータル）存在」である「神」との対比でいわれているが、そのことの含意は結構重要である。もしも人間が死ななければ、「生」を問うこともないであろう。「死なない」神にとって、果たして「生」というものはあるのだろうか。あるはずはない。とすれば、人間は「死すべき者」であるからこそ「生」の意味を問い、また、「よく生きる」ことを問うのである。まさに、人間は「死ぬことができる」のである。それはいいかえれば、人間は「生きることができる」という意味でもある。動物は「生存」しているが、「生きている」のではない。

さてその後、2020年に、京都で筋萎縮性側索硬化症（ALS）を患う女性が、インターネットで知った二人の医者に積極的な安楽死を依頼し、その幇助によって安楽死をとげた。インターネットで知りあうまで彼女と二人の医師の間には接点はなかった。主治医は別にいたが、安楽死についてはまったく知らなかったという。そして事件後、二人の医者は嘱託殺人の容疑で逮捕された。

これも考えさせられる事件であった。もちろん、そうとうに異形で異様な事件であり、二人に殺人容疑がかかるのは法的には当然ではあろうが、それで一件落着とはいかない何かが残るのも事実である。この異様な形をわざわざ選択せざるをえなかったほどに女性の苦痛は大きかったということであり、どうにもならない選択であったろうと思う。似たような状況であれば、私も同様のことをしたかも知れないとも思う。もしも、スイスの「ライフサークル」のような合法的な自殺幇助団体が日本にあれば、この二人の医者のような違法行為は必要なかったであろう。いや、この異様で違法とされているやり方が、合法的で想定可能な選択肢に組み込まれるのである。

ところで、この京都事件をひとつの契機として、再び2020年にNHKが安楽死問題を取りあげた。今回は、延命治療にかかわるケースである。あるALSに苦しむ男性が、苦痛に耐え得なくなる前に消極的安楽死を希望する。この病気では、いずれ人工呼吸器の装着が必要となるところがひとたびこれを装着するとそれを取り外すことはできなくなる。それは積極的に死を与えることになるからだ。だから、男性は、断固として人工呼吸器の装着を拒否し延命治療を拒むのである。彼の意思は固かった。これ以上自分が生きていることは家族の迷惑になる。それはどうしても避けたい、というのである。

そしてついに人工呼吸器が必要なときがやってくる。彼の家族は、人工呼吸器を装着しても生きることを強く望む。そして彼の最後の決断は、それまでの強固な意思を翻して、人工呼吸器の装着を依頼するのであった。家族のために生きることを選択したのである。

これは、京都の事件などとはまた別のケースである。彼の命は彼だけのものではなく、家族のものでもあった。私はこのドキュメントをみていて何ともいえない気分になった。複雑な気分である。私にはできないだろうな、とも思った。しかしこれもまた、ある感動を呼び起こすことも事実である。私にはできないだろうが、この選択のもつ別種の崇高さを感じないわけにもいかないのである。そこには、自らの「死に方」を最終的な「生」のあり方として選択をする者の、どうにもならない不条理におけるぎりぎりの決断が存在するからである。

じっさい、本当は選択の問題というようなものではなかろう。現実には選択するほかないのだが、どちらがよりよい選択かなどといえる種類のものではあるまい。選択というような中立的で客観的で気楽な言葉で論じえるような事態ではないだろう。神仏にでもすがりたいところである。だが、確かなことは、ここにはもはや神も仏もない、ということだ。選択を委ねることのできる大きな存在をわれわれは見失ってしまったのである。要するに、何の死生観もないままに、われわれは、現代医療の現場で、このようなどうにもならない不条理に直面し、それに押しつぶされかけている、ということである。

何ともぞっとするような状況に、われわれは置かれてしまったものだ。こうした中でとられた選択は、合法的安楽死の方向であれ、違法な手段による安楽死であれ、また徹底した延命策であれ、もはや他人が云々する問題ではない。よいも悪いもない。どのような「死に方」がよいかなど、とても結論のでるものではない。事態はそれほど簡単ではない。われわれは、今日、残念ながら、その問題の前に無力なままたたずんでいるほかない。

不条理となってしまった現代の死

これが現実である。にもかかわらず、本書の最初の三つの章で現代社会における人の「死に方」を取り上げたのは、現代社会における「死生観」、あるいは「死生観の喪失」という事態に目を向けたかったからである。今日ではなかなか論じられることのない「死生観」というものに関心を向けたかったからである。

私がまだ子供のころ、ということは、戦争が終わった後の昭和30年代のことであるが、死はそれほど特別なものではなかった。近所のおばあさんが最近姿をみないなと思っていたら、自宅で家族に看取られて亡くなった、などという話はよく聞いた。まだ栄養状態があまりよくないので、風邪をこじらせて子供が急死するなどということも時々起こった。現に小学校3年生の時に私の友人が数日学校を休んでいたと思ったらそのまま死んでしまった。

もちろん、それより以前になると、あの昭和の大戦争であるから、むしろ死はいたるところにあった。すべての生は死をおり込んでいたともいえるし、明らかに生はおびただしい死の上に成立していた。

戦争における死は少し別にしよう。しかし、老・病・死の3点セットの方は、人の生の当然の帰結であり、いずれ自分の身の上にも降りかかってくるものと割り切っておかねばならなかった。

少し以前には、10人ほど子供がいるという家庭は珍しくなかったが、そのうちの3、4人は成人に達するのも難しかったのである。

哲学者の西田幾多郎は、7人の子供のうちの5人までも自身に先立たれて失っている。子供の死は、いわゆる老・病・死とはまた違う。それはたいへんに深刻な経験であった。西田は書いている。

「死の問題を解決するというのが人生の一大事である、死の事実の前には生は泡沫の如くである、死の問題を解決し得て、始めて真に生の意義を悟ることができる」(エッセイ「我が子の死」)。

それが西田哲学を支えていることは間違いない。とはいえ、いくら哲学に昇華したとしても、やはり死は恐怖であろうし、家族の死には悲嘆に沈むであろう。特に幼い子供の死は親を絶望の淵へ追いやるであろう。

それでも西田は、これに続けてまた次のように書いてもいる。

「何事も運命と諦めるより外はない。運命は外から働くばかりでなく内からも働く。(中略)後悔の念の起るのは自己の力を信じ過ぎるからである。我々はかかる場合において、深く己の無力なるを知り、己を棄てて絶大の力に帰依する時、後悔の念は転じて懺悔の念となり、心は重荷を卸した如く、自ら救い、また死者に詫びることができる」

家族や親しい人を死なせた後、人は、あれこれと後悔する。ああやればよかったなどという思いがついてまわる。だが、それは自分の力を信じすぎているからだ。己の無力を知り、大きなものが動かす運命の力を知るとき、後悔は懺悔に代わる。平安の心境など得られないにせよ、それはやがて静かに死者に詫び、死者を悼み、追悼する気持ちに変ってゆくだろう。

これは宗教的な境地である。西田は、「絶大の力に帰依する」といっている。あの戦争の以前にはまだそういう境地がありえたのであろう。生も死も何か絶対的な力の作用だという境地、それに随順するほかないという諦念が、実感としてありえたのかもしれない。

死者を悼む心理は今も昔も変化はない。としても、恐怖や悲しみも含めて、死へ至る道行はしごく自然の条理だという了解が、まずは心の深いところにあったのであろう。

それに比べると、今日、われわれの直面している問題の全体が、何やらかなりいびつな構造のなかに置かれているように思えるのである。死は当然訪れる生命活動の自然な終焉だというような当たり前の了解をえることさえ、今日ほぼ不可能になってしまっている。死は、何か道義的にあってはならないものとされている。それは、生の切断であり、何か間違ったことのように思われる。しかし現実にそれは起きる。その結果、死は「自然の条理」どころか、「不条理そのもの」となる。

まず病気で倒れたとしよう。あるいは老衰でもよい。するとたちどころに病院に運ばれる。回復の見込みがないにもかかわらず何らかの治療がほどこされる。この段階でかなりの苦痛を余儀なくされる。そしてやがて、延命治療の選択に直面する。しかも今日の医療技術はかつてなく延命を可能としている。そこで、たとえば人工呼吸器や胃ろう装置をつければ、これをはずすことは原則的にできなくなってしまう。苦痛であろうと意識がなかろうと、心臓が止まるまで強制的に生かされてしまう。私には生き地獄のように感じられる。こうして、病院死は、それ自体が管理された人工死なのである。自死は意図的な人為死で、病死や老衰は自然死だなどともはやいえないのであって、病院での死はほぼ人工死というほかない。

とすれば、この人工死をもっと徹底的に管理して、本人の苦痛を究極的に取り去るべきだ、という尊厳死や安楽死の論議がでてくるのも当然であろう。私は、この書物でとても何らかの結論に接近できると考えているわけではない。結論などありえない。ここでいいたいことは、この決定不能な問題の構造そのものが、近代社会の産物だということであった。われわれは、どうも、合理性と技術の展開という「近代」の勝利のど真ん中で、自らの生命の処遇という最も基本的な問題についてまったく身動きがとれずに、実にいびつな精神状態に置かれているのだ。

改めていっておけば、一方で、生命尊重という絶対的大原則があり、そこへ近代医学の飛躍的進歩が生みだされた。医療の発達による生の延長は近代社会の最大の福音とみなされた。ところが、他方では、自分の専権的所轄事項についての自己決定権や、幸福追求（この場合には死によって苦痛を避ける、という幸福追求）の権利がある。自分の体や生命などほとんど排他的所轄事項であろう。だから専門家である医者も専門的な治療に関わる以上の価値判断を避ける。こういう専門職業上の倫理もでてくる。確かに、自己決定の権利や専門家の価値中立性もまた近代社会の産物なのである。

かくて、近代社会の価値観そのものが、決定的な点において価値の分裂と対立を生み出し、われわれの態度決定に大きな亀裂を刻み込み、決定不可能な状態にわれわれを宙づりにした。にもかかわらず、何らかの意思決定をわれわれは強いられるのだ。この不気味な構造こそ、近代社会が生み出した煉獄である。せいぜいいえることは、次のことにすぎない。「死に方」についての確かな結論などありえないとすれば、それは個人の決断の問題であり、そうだとすれば、その幅と可能性をできるだけ大きくとるべきだ、ということだけであろう。それが今の私にいえることである。

本来、いかなる事態であれ、それなりに大きな社会的な意思決定を下すためには、ある程度、共有された価値観がなければならないが、この場合には、その価値観とはとりもなおさず「死生観」である。生や死についての社会的な決定に関してはそれなりの「死生観」がなければならないであろう。しかし、現代社会にはそれがないのだ。

もどきの死生観

「生」を無条件に賞揚し、「死」を排除する近代社会に「死生観」が希薄だとすれば、近代以前はどうだったのであろうか。あるいは、こういってもよい。近代社会を切り開いたものは啓蒙主義や人間中心主義、理性主義などの西洋思想である。日本もとりわけ明治以降、この西洋近代思想を取り入れるのに全精力を傾けた。昭和のあの大戦の敗北後は、また改めて、西洋、とりわけアメリカ的価値を積極的に導入しようとした。では、西洋の近代主義的思想の外皮を一度、剝がしてみればどうなるのか。「伝統」というものが何を意味するのかという詮索はひとまず置いておこう。それでも、西洋近代とは異なった思考伝統が前近代の日本にはあったはずだ。この「伝統的」な日本の価値観からすれば、「生」と「死」はどのように捉えられていたのだろうか。

「死生観」とは、生と死についての意味づけである。それはまた、「死に方」でもある。言い換えれば、「生」と「死」の「間」といってよいだろう。生から死へと移りゆくその間をどのように埋めるか、という問題が「死に方」であるが、この「生と死の間」という問いはかなり大事なものだと思う。死生観とは、ただただ生と死についての意識というだけではなく、この「間」についての観念でもあるからだ。

現代における、病院のベッドに括り付けられた終末期も今日の「生と死の間」である。生きているのでもなく死んでいるのでもないような状態である。かつてなら、たとえば「姨捨山」というような「間」があった。これも想像するだけでもぞっとするが、今日では終末期の施設が体のよい「姨捨山」になっている。あるいは、昔は、即身仏というのもあったし、また、飢餓状態に追い込んでの自死もあった。だが、姨捨も即身仏も今日ではまずありえないし、餓死も容易ではない。

いずれも人はいきなり生から死へとジャンプするわけではない。いままであったものがいきなりなくなるわけではない。生きて活動している「有」と、死んで消えてしまった「無」の「間」

があるのだ。死んでしまえば、死後の世界（あの世）はともかく、「この世」にはいない。としても、この「生」と「死」の、「有」と「無」の境界あるいは「間」をどう理解するのか、死生観とは実にそこにかかっている。

そしてこのような「間」においてわれわれはほとんど思考を停止した。死生観が定まらないのも当然であろう。現代の死生観の無力は、繰り返すが、西洋近代社会の価値観の帰結によるところが大きいのである。われわれはせいぜい「死は無視し、生の充実と幸福追求だけが問題だ」といういわば「死生観もどき」で満足するほかない。

だが、この現代風の「もどき」の死生観ではないもう少しはましな死生観をわれわれ日本人はもちえないのであろうか。明治以降に積極的に受け入れ、戦後はほとんど全面的にわれわれの思考の準拠となったアメリカニズムという極端な近代主義とは異なった死生観を探ることはできないのか。医学という科学の展開と医療という技術の進歩にすべてを委ねるという近代主義の「死に方」とは異なった考えはないのだろうか。日本文化や日本思想には、「死の無視と生の充足」というあまりに均衡を逸した近代的価値とは違った死生観があったのではないだろうか。これが本書で論じてみたかった事柄である。

深層に生死一如

私がここで多少しつこくこだわったのは日本の仏教思想であった。実は、これほど本書で仏教思想に重心を置くつもりはなかった。考え、書いているうちに容易には抜け出ることができなくなったというのが正直なところであるが、それだけ興味深いものが仏教にはある、ということでもあろう。

この場合に意義深いのは、仏教ほど、西洋近代主義とは異質な思想はまれであり、ほとんど裏返しとでもいいたくなるほどだ、ということである。しかも、日本仏教には、西洋とは異なったいかにも「日本」的な思考が張り巡らされているからである。それは、西洋近代社会の価値観とは対極にある。だから、死生観を論じる上で、仏教思想はただ近代主義を相対化するだけではなく、西洋とは異なった日本の文脈に伏在する価値観へとわれわれを誘うことになるからである。ここでわれわれは、日本的な価値の源泉とはいかなるものなのかへと関心を向けざるをえなくなるであろう。

改めて振り返っておけば、日本仏教の死生観とは次のようなものであった。覚りの立場にたてば（つまり、真理に於いて述べれば）、生死一如、生死不二であって、生も死も同じである。それを区別する必要はない。なぜなら、生はたまたま五蘊が仮和合してある形をとったに過ぎず、それはいずれ消滅する。一切は空であり無である。この「真如」からみれば、生も死も同じことである。すべては「無」から生み出され、また「無」へと帰還してゆくだけである。

ところが、仏教の死生観はそれだけでない。それは他方で、山川草木など自然も含めて万物は仏性をもつ、という。したがって、生きようが死のうが仏性は残る。そして、この仏性は、伝統的な日本の死生観がもっていた霊魂や魂や「いのち（生命）」の観念と共鳴しあうであろう。仏性は、ほとんど「魂（たましい）」や「いのち」（たとえば「仏のたましい」や「仏のいのち」など）へといいかえられてゆき、いかにも日本的な死生観へとたどり着く。永遠の「魂（たましい）」や「いのち（生命）」からすると、生も死も区別はない。その意味でも生死一如である。死して後も、われわれは、永遠の魂としてとどまり、あるいは、別のいのちへと移行する。仏教が伝統的な日本思想と習合するなかで、こういう考えが生み出されてくる。

一切が空無である、というにせよ、あるいは、永遠の「仏性」（または、「魂」や「いのち」）を想定するにせよ、仏教の根本的な死生観は、生死一如、生死不二、不生不滅であって、「生」と「死」の決定的な区別を避ける。むろん、その「間」もない。いや、あるとすれば、その「間」は空無であるがゆえに、両者は隙間なくくっついてしまう。

これは覚りの境地であった。真如においてであった。すると迷いの世界であるこの「現実」の実相は違っている。「現実」には、生・老・病・死がある。「生」と「死」の間に「老」と「病」がある。人は生に執着し、死を厭う。老と病は苦しい。そこに煩悩が生じる。その煩悩から解放され、静寂な境地を求めて修行に励んだり、隠遁したりする。「生」と「死」の間に修行や隠遁を挟み込んで、少しでも覚りに近づこうとする。

もちろん、覚りなど簡単に得られるものではなかろう。本当の意味での覚りは、何世にもわたって、気の遠くなるような時間の修行によってようやく達成される、というのが仏教の教えるところであった。むろん、そんなことは不可能で、いまそんな本格的な話をしているわけではない。そうではなく、多少なりとも、生への執着と死への恐怖を取り去り、生死へのこだわりから脱却し、生死一如の方へと接近し、死を前にして心の安寧をえればよい、という程度の話である。

そういう「程度の話である」といったものの、実際にはそれも難しい。となれば、現実世界の生死の無常を知り、人知・人力の及ばぬ何ものかが、この現実を、人の生死に働きかけていると知ることとなろう。それを、「縁起の理」といおうが、「自然法爾《じねんほうに》」といおうが、あるいは「根源的な生命のはたらき」といおうが、いずれにせよ、われわれの生死は、それを何かに預けるほかない、というような思考がでてくるであろう。思いのままにならないもの、人間の意思ではどうにもならないものについては、現実をそのものとして受けとめるほかない。こういう精神的態度である。覚りの世界と現実世界は決してまったく同一になるわけではないが、しかし同じものの双面であった。

とすれば、「現実世界」の相で生きているわれわれは、この現実のなかにいながら、多少なりとも覚りに接近し、覚りの世界をのぞき込むことはできるだろう。生死一如という境地を遠望するぐらいはできよう。その遠望から現実に戻ってきたときに、どのような「生き方」と「死に方」をするかは人によって違っていよう。極端な言い方をすれば、「何でもあり」なのである。ただし、それも、覚りの世界を遠望しようとする限りにおいてである。生への執着、死への恐怖、老・病への嫌悪のうちにあってなお生死一如を遠望するということである。

こういう二重構造が日本の死生観にはあったのではなかろうか。それはまた、日本の思想が、基本的にこの「現実」を「二相同体」において捉えてきた、ということである。超越的絶対者に対して、その被造物である人や世界を対置するキリスト教には、このような「二相同体性」は薄いであろうし、人間の理性を特権化して世界と対峙させる西洋近代思想にもこの考えはなじまない。だが、われわれの深層心理には、現実のこの世界を「二相同体」とみる思考習慣が静かに脈々と流れ続けているように思われる。

「生も死もあるがままでいいじゃないか」という言い方には、一方ではなげやりのニヒリズムの香りがただようが、良質な意味でいえば、やはり生死一如がこの深層にはある。特に自死においては、様々な理由はあるにせよ、最終的には、生も死も根本的には何ら違いはない、といった生死一如の境地へとどうしても接近してゆくのではなかろうか。川端康成（1899〜1972）は、ほとんど買い物にいって帰るというような日常的行為のままに自死をとげたともいわれるが、どこか生死一如的な意識がなければ不可能なのではなかろうか。

自死に限らずとも、現代のわれわれにあって、死へ向かう覚悟のうちには、どこか生死不二を遠望するところがあるようにも思われる。この遠望には、人間が限られた生命体である限り、それは生命的自然に服するほかない、という一種の諦念も含まれているであろう。と同時に、この諦念は、死によってはるかかなたのより大きな、宇宙的とでもいいたくなる永遠のなかに生命を回復する、といった安堵に満ちた楽観をも孕んでいる。どちらに立つにせよ、結局、生も死も同じなのである。

死生観を掘り起こす

さて、最後にもう一度、現代にもどるが、『死を見つめる心』という本がある。出版されたのは昭和39年で、もうかなり前になるが、現在でも講談社文庫で読める。著者は、岸本英夫（1903〜1964）という東京大学の宗教学の教授である。岸本は、51歳の時、アメリカで研究生活を送っている最中に癌を発見され余命半年を宣言された。その後、彼は病気の再発や死の恐怖をじっとみつめ、またその克服を試みつつ10年ほど生きたが、その記録をひとつの思想的な痕跡として残した。自身が宗教学者であり、死生観（彼は「生死観」と呼んでいる）に関心をもっていたためでもあろう、胸に去来する思いや迷いを、形ある死生観へと昇華しようとしたのである。

岸本はもともとクリスチャンの家に生まれたが、青年期に信仰を捨てた。死後の霊魂や死後の理想世界を信じることができなかったからである。死による肉体の崩壊とともに「私という意識」もなくなるであろう。そのことに間違いはなかろう。とすれば、私というものは、この個体の消滅とともになくなるはずだ。こう考えた。そうすると、ある宗教家は次のようなことをいった、という。あなたは現在、健康で死の実感がないからそういうのだ。実際に死に直面すると、多くの人と同じように、神にすがり来世を信じて死んでゆくだろう、と。

で、実際に死に直面してどうなったのか。この宗教家の予言は当たらなかった。岸本は、決して神にすがりもしなければ来世を信じる気にもならなかった。しかし、その代わりにこの真っ暗な暗闇が広がるさなかで、彼はどうしても生きたいという「生命飢餓感」に襲われた。腹の底から突き上げられるような生命への執着と心臓まで凍らせてしまうかと思われる死の恐怖である。

そこで、岸本は、ただただがむしゃらに働くことに決めた。「あぶなくって近寄れない」と人がいうほど働きまくったのである。生命飢餓感を満たすのと、死の恐怖から逃れるためである。

しかしそれでも精神の安定は得られず、そのうちに彼はひとつの境地に達する。それは、死とは大きな別れだ、という境地である。癌の宣告を受けてから7年間、死を忘れるかのようにひたすら働き活動したあげく、それでも傍若無人に侵入してくる死の恐怖に向き合わざるをえなかったのである。

彼はいう。死の恐怖とは、この自分がなくなればこの世界もなくなってしまうという考えからでている。すべては「無」になる。ところが「無」を想像することができないので、そこに恐怖が生まれる。しかし、この世界がなくなるというのは錯覚であって、実際には、私が死んでもこの世界は存在する。だから、死とは、私がこの世界に別れを告げるだけのことだ。さらに彼はいう。この世界に別れを告げた自分は宇宙の霊に帰って永遠の休息に入るだけだ、と。

「宇宙の霊に帰る」や「永遠の休息に入る」という言い方が唐突にでてくるのも少し気にはかかるのだが、それはひとつの表現上の方便だとしても、それで安らぎをえられればよいのである。それよりも、彼がここで強調するのは、生きているときからこの「別れの準備」をすることであった。芝居をみるにせよ、研究するにせよ、碁をうつにせよ、いまここでの生活を、これが最後かもしれないという思いをもって充実させることである。この充実は、ただがむしゃらに働きまわる充実ではなく、静かに人生を味わうことでもあろう。その味わい方が、人生を本当に生きることにもなるだろう。

われわれの日常にはいくらでも別れはある。親しい人と別れる。住み慣れた街やその風景にも別れをつげるときはある。死は、こうした別れのなかでも決定的な別れなのである。とするならば、われわれは、いつ死に襲われ、一切合切との別れを余儀なくされてもよいように、心の準備を怠らないことである。親しい人、見慣れた風景、山や林、草花とも一期一会であって、その一期の出会いを大切に味わうほかなかろう。常にこれが最後の別れかもしれない、という気持ちを心に刻むことである。生を、そして日常を「味わう」のだ。着実に終末へと向かう時間の歩みを「味わう」のである。

これを死生観と呼んでよいのかどうかはよくわからないし、何か特別のことを述べているわけでもないが、岸本の述べていることはよくわかる。彼は、「生と死の間」に「別れの準備」を差し挟んだ。それは、「空」や「永遠の魂」というようなものではない。もっと身近でもっと日常性に即したものである。だが、「別れの準備」を差し挟むことで、「死へ向けた生」と「生を覚醒する死」がともに現れてくる。生は死を含むことで実存的となるとともに諦念的となるだろう。一方、死は、覚醒された生によって充実した最後の瞬間となろう。

ここには必ずしも仏教的な境地も描かれていないし、道元の「ど」も出てこないが、私には、ある意味で、「別れの準備」とは、道元の修証一等を思い起こさせるところがあった。親しい人との一瞬の出会い、見慣れた山川の風景、道端に咲く草木を心から味わい、与えられた仕事を使命感をもってひとつひとつ力の限り誠実にこなしてゆく、こうした日常の「行」そのものが覚りである、という考えである。覚りは一瞬、一瞬にあるという道元にならえば、日常の一瞬、一瞬の行いにこそ「別れの準備」がある、ということにもなろう。

さらにまた、この「別れの準備」は、中世人の無常を介した一種の「隠遁」をも思い出させる。仕事に使命感を燃やし、すべての日常の出来事を心から味わおうとする岸本の「別れの準備」はむろん「隠遁」とはまったく違ったものにみえる。「生命飢餓感」を何とかして克服しようとしつつも、生の深い味わいや意味づけを求めた岸本の姿勢と、西行や長明や兼好の「隠遁」とを同じように論じることはできない。一見したところ、真逆にみえる。私はこの両者を無理に重ねあわせようというわけではない。だが、案外と近いのかもしれない。

中世の隠遁人は、生命への執着を断つために自分自身をこの日常の生世界から引き離し、人々の交差する社会から逸脱させ、生から無駄なものをすべてそぎ落としていった。それは現代人のわれわれには容易に想像しがたいし、またかりに想像しても何とも実践困難ではあろう。だが、彼らの隠棲は、彼らなりの「生と死の間」であった。彼らなりの「別れの準備」であった。そのために、己を無にしようとしたのである。一方、岸本は、やはり自分を無にしてひたすら仕事に打ち込んだ。いや、自己を無にするために仕事に明け暮れたのであろう。その意味では、徹底して自分を捨てて、世俗の世界で社会的な使命をまっとうしようという岸本の決断も、また逆に、脱俗し隠遁して自分を捨て去ろうとする出家者も、案外近いのかもしれない。

本書で私が提起した問題、つまり、現代人の死に方、という問題について、本書は何かしらの結論めいたものを提出したわけではない。ただ、「死生観」という観念からこの問題の困難さを洗い出し焦点をしぼろうとしただけである。あるいは、現代人の死の困難の背後には「死生観」という問題がある、といいたかっただけである。そして、死生観は、倫理観と同様に、多くの場合、合理的、論理的に導出できるようなものではなく、その国の歴史が積み上げてきた文化のなかに何層にもわたって重なりあい、また点在しているものであろう。

現代に生きるわれわれは、その表層にある近代主義的な合理性だけで生死を捉えてはならない。そのもっと深いところにある死生観を掘り起こす必要がある。近代的な合理主義の背後に、もうひとつ、われわれは日本的な死生観を配置するべきであろう。仏教や伝統的な日本の死生観が、安楽死のような今日の問題に対して、ある回答を直接に与えるものとはいえないであろう。だがしかし、その見地からすれば、現代においてわれわれが関わっている死と生への態度は、あまりに窮屈で閉ざされたものであり、自らをそこに縛り付けていることがみえてくるだろう。

生と死は人間の根源的な問題であるが、その根源的な問題が、現代において再び火急の課題として浮上し、われわれの共通の関心になりつつある。もちろん、生も死も徹底して個人的な事柄なので、誰もが自分なりの死生観をもてばよいということもできるが、現実にはそういうわけにはいかない。生や死についての個人的な「覚悟」を決めるとしても、われわれは、先人の経験から学ぶほかなく、文化のなかに伝えられてきた「目にはみえない価値観」にまずは寄りかかる以外にないからだ。本書は、私自身の死生観を模索する試行錯誤の足跡といってもよいが、また、仏教を中心とする日本人の死生観を振り返ることが、一人一人の死生観の支えになればという思いもある。われわれの精神の構えを未来へと拓くためには、それをまた過去へと開かなければならないであろう。その対話の中から、少しでも現代の「死に方」についての手掛かりが得られれば僥倖としなければならないであろう。

本書は『新潮45』2018年6月号〜9月号に連載された「反・幸福論」を改題し大幅に加筆修正した。

新潮選書

死《し》にかた論《ろん》

著　者………………佐伯啓思《さえきけいし》

発　行………………2021年5月25日
2　刷………………2024年3月10日

発行者………………佐藤隆信
発行所………………株式会社新潮社
〒162-8711 東京都新宿区矢来町71
電話　編集部 03-3266-5611
　　　読者係 03-3266-5111
https://www.shinchosha.co.jp
シンボルマーク／駒井哲郎
装幀／新潮社装幀室
組版／新潮社デジタル編集支援室

印刷所………………株式会社光邦
製本所………………株式会社大進堂

ISBN 978-4-10-603866-2 C0395

精神論ぬきの保守主義　仲正昌樹

西欧の六人の思想家から、保守主義が持つ制度的エッセンスを取り出し、民主主義の暴走を防ぐ仕組みを洞察する。"真正保守"論争と一線を画す入門書。《新潮選書》

「維新革命」への道
「文明」を求めた十九世紀日本　苅部直

明治維新で文明開化が始まったのではない。日本の近代は江戸時代に始まっていたのだ。十九世紀の思想史を通観し、「和魂洋才」などの通説を覆す意欲作。《新潮選書》

老年の読書　前田速夫

年齢を重ね、行く末を思う時、読まずに死ねない本がある。キケロ、モンテーニュから山田風太郎まで、より善く老いるための名言を厳選し懇切に紹介する。《新潮選書》

明治神宮
「伝統」を創った大プロジェクト　今泉宜子

近代日本を象徴する全く新たな神社を創ること――西洋的近代知と伝統のせめぎあいの中、独自の答えを見出そうと悩み迷いぬいた果ての造営者たちの挑戦。《新潮選書》

蕩尽する中世　本郷恵子

日本の中世は地方から吸いあげた富を蕩尽し続けた時代だった。限りない消費はいかに可能だったのか。院政期から応仁の乱に至る400年を見つめ直す。《新潮選書》

西行
歌と旅と人生　寺澤行忠

出家の背景、秀歌の創作秘話、漂泊の旅の意味、桜への熱愛、無常を超えた思想、定家や芭蕉への影響……西行研究の泰斗が、偉才の知られざる素顔に迫る。《新潮選書》